普 天 之 下 · 盡 是 好 書

普天出版家族
Popular Press Family

凌雲文創
A Plus
Creative Company

像劉邦一樣活著

Most Interesting History
about Liu Bang

海東青 著

他生性潑皮，不學無術，最後卻跌破眾人眼鏡，
靠著一群雜牌軍，打敗強悍勇猛的項羽，
他是中國第一個平民皇帝，也是評價最低的開國帝王。

臉皮比長城還厚，
心地比木炭還黑；
他是橫行鄉里的地痞無賴，
也是揭竿起義的亂世豪雄……

但是，一代史學大師湯恩比卻推崇他說：
「人類史上最有遠見、對後世影響最大的兩位政治人物，
一位是開創羅馬帝國的凱撒大帝，
另一位便是創建大漢文明的漢高祖劉邦。」

劉邦的輝煌功績足以與李世民媲美，
政治謀略足以與張良、蕭何比肩，
狡詐凶狠足以和曹操稱兄道弟。

這個無賴又機智的街頭混混，究竟靠什麼登上皇帝寶座？

像劉邦一樣活著，像劉邦一樣戰鬥！

出版序

透過本書，你將看到一個生性狡詐，擅長權謀霸術，雄才大略而又活生生的歷史梟雄。你可以不喜歡他，但一定要學習他的智慧，像他一樣活著，像他一樣戰鬥！

他是橫空出世的怪胎，臉皮比長城還厚，心地比木炭還黑；他是橫行鄉里的地痞無賴，也是揭竿起義的亂世豪雄！

他的輝煌功績足以與李世民媲美，政治謀略足以與張良、蕭何比肩，狡詐凶狠足以和曹操稱兄道弟！

他生性潑皮，不學無術，最後卻跌破眾人眼鏡，靠著一群雜牌軍，打敗強悍勇猛的項羽。他是中國第一個平民皇帝，也是評價最低的開國帝王。

是的，幾乎全世界的華人都知道，這哥們就是以無賴著稱的漢朝開國皇帝劉邦！

儘管劉邦從詭譎多變的秦末亂世脫穎而出，打敗項羽登上皇帝寶座，但是或許受到《史記》以降的史書影響，或許是劉邦對讀書人一向很不禮貌，世人——尤其是生性高傲的知識份子，對他的評價卻相當低。譬如，竹林七賢之一的阮籍就對劉邦很不屑，鄙夷地說：「世無英雄，遂使豎子成名！」

什麼是「豎子」？「豎子」是源遠流長的罵人名詞，從春秋戰國時代就有這個詞，現代的發音叫「俗啊」，意思就是瘋三、孬種、沒什麼本事的貨色，可見劉邦在一般人心目中的地位不是一般低，而是很低很低。

被中國人奉為一代偉人的毛澤東有事沒事就喜歡評點開國帝王，雖然他和劉邦有過類似遭遇，被對手一路窮追猛打，但這哥們推崇的是秦始皇、漢武帝、唐太宗、宋太祖和成吉思汗之類的曠世英雄，至於劉邦，在他眼中只是個沒 Guts 兼沒 Class 的大老粗。

在某次談話中，毛澤東曾說「老粗出人物」，言下之意便是：像劉邦這樣沒有文化水平的老粗，怎能和他相提並論？

有趣的是，外國史學家對劉邦的評價完全不一樣。

湯恩比是一代史學大師，發表過很多影響世界的評論，不少學者把他的話奉為經典。他在訪日談話錄中就曾經說：「人類史上最有遠見、對後世影響最大的兩位政治人物，一位是開創羅馬帝國的凱撒大帝，另一位便是創建大漢文明的漢高祖劉邦。」

不會吧？劉邦這個大家都瞧不起的無賴帝王，在史學大師眼中竟然是人類史上最有

遠見、對後世影響最大的政治人物？還和凱撒大帝同個等級！

劉邦身上一定有著被世人忽略的某些特質。

劉邦這個無賴又狡詐的街頭混混，究竟靠什麼登上皇帝寶座？

民國初年，四川奇人李宗吾寫了一系列《厚黑學》，書中說曹操「黑而不厚」，劉備「厚而不黑」，所以誰也奈何不了誰；至於劉邦則是「厚黑」的經典人物，臉皮最厚，心子最黑，所以最後幹掉項羽……

有人讀了這些書，便誤以認為「臉厚心黑」是獲得成功最簡單而有效的絕招，開口閉口就是「厚黑」。其實，這絕對是嚴重的誤解。仔細想想，在那個「東風吹，戰鼓擂，誰也不怕誰」的群雄爭霸時代，比劉邦「心黑」的人少嗎？比劉邦「臉厚」的人少嗎？比劉邦「既厚且黑」的人少嗎？

這些人為什麼最後都敗在劉邦手下，劉邦能夠從風起雲湧、詭譎多變的時代裡脫穎而出，箇中緣由難道不值得深思？

馬基維利是義大利文藝復興時期最著名政論家，也是西方權謀霸術的宗師級人物，他在經典名著《君王論》中說：一位出色的君王，必須擁有獅子般的兇猛和狐狸般的狡詐，但如果兩者不可得兼，則寧可擁有狐狸的狡詐……

如果說項羽是凶猛的獅子，那麼一向鬥智不鬥力的劉邦，就是狡詐的狐狸了。

劉邦，一個橫行鄉里的市井無賴，居然在風雲際會的歷史舞台上，得天獨厚地開國稱孤，運氣實在好得讓人既妒忌又生氣。

喜歡從運氣角度看事情的人，都習慣直接忽略別人的努力，殊不知，老天並未厚愛或偏袒哪個人。劉邦只是個七情六慾熾烈的血肉凡人，在千折百轉的人生道路上，同樣遭遇過無數次災厄、凶險、磨難，最後才攀上權力的巔峰。

幾乎很少人冷靜地探討劉邦之所以成功，除了機運之外，還有其他相當重要的因素，諸如智慧、鬥志、決斷力、領袖魅力、權謀霸術，甚至是現代最流行的EQ……等等。這些都是同時期的逐鹿英雄難以兼具的，可以這麼說，徒有「匹夫之勇，婦人之仁」的項羽輸得一點都不冤枉。

正是因為劉邦擁有識人眼光和用人策略，因而收編了一群優秀將領和一流幕僚；正是因為劉邦擁有非凡的領導能力，才能率領發屬下屢敗屢戰；正因為劉邦鬥智而不鬥力，懂得揚長避短，所以能絕地逢生。

這是一部有趣的歷史書，講述劉邦如何從市井無賴，憑藉自己的權謀、機智和奮鬥，在秦朝末年的亂世中冒出頭，一步步地擴張勢力，最終擊敗項羽，開創大漢王朝。

透過本書，你將看到一個生性狡詐，擅長權謀霸術，雄才大略而又活生生的歷史梟雄。你可以不喜歡他，但是一定要學習他的智慧，像他一樣活著，像他一樣戰鬥！

目 — 錄

目 錄

目　錄

像劉邦一樣活著

目－錄

第 **1** 章

龍種傳說

好像只要出生奇特點的，都會有不凡的成就。漢高祖劉邦，

當然也要有一些可以唬弄人的傳說，否則他怎麼能在短短幾

年間，從一個街頭無賴，搖身一變成為皇帝？

在動物世界裡，狐狸是弱者，遇到凶猛的老虎，要想從虎口逃生，沒有非常的智慧是不行的。人類社會也是如此，處在亂世中，拳頭大的人就是老大，憑武力就能稱雄一時。

劉邦自小遊手好閒，不務農稼，而且無錢無勢，是個不折不扣的弱者。但是，他像寓言故事中「狐假虎威」的狐狸一樣狡猾，利用智慧，把無據可查的神話玩得像真的一樣，不僅將小老百姓們唬得一愣一愣，也把自己推上權力的頂峰。

在古代，只要是與神沾上邊，老百姓就崇拜得不得了。若能懂得把平凡的事編成神話，老百姓更要頂禮膜拜。例如秦末陳勝、吳廣裝神弄鬼，揭竿而起，以及清末的洪秀全借上帝之名聚眾造反，都證明了神話對一般老百姓的影響力有多大。狐狸般的劉邦自然明白這個道理。

說到劉邦的「龍種」，得先說說他的父母。

司馬遷的《史記》稱劉邦的父親為「太公」、劉邦的母親為「劉媼」。

其實，「太公」不過是秦時農村中稱呼人的一種方式，年齡小的人見到他，叫他一聲「太公」；年齡略輕的人叫他一聲「大伯」、「大叔」；年齡相當的人就叫他一聲「大哥」、「兄弟」等。至於「劉媼」，也不過是「劉大奶」、「劉大娘」、「劉大嬸」、「劉大嫂」一類的稱呼。

司馬遷在編撰《史記・高祖本紀》的時候，可能不知道他們叫啥名字，之所以取「太公」、「劉媼」的稱謂，可能只是為了表示尊重，也是為了便於講敘與他們有關的故事，因為總不能說到他們叫時，左一句「劉邦他爹」，右一句「劉邦他媽」吧！要是這樣大不敬，恐怕漢武帝割完司馬遷的小弟，接著就割他腦袋了。

《史記・高祖本紀》說，有一天，劉媼在湖旁邊歇息，大概是勞累過度，不知不覺就睡著了，結果做了一個奇怪的夢，夢見她與神人交媾。

當時電閃雷鳴，太公心裡奇怪，都快下雨了，這婆娘怎麼還不回家收衣服？急忙跑過去看，只見一條蛟龍伏在妻子身上。不久，劉媼懷孕，生下來的孩子就是劉邦。

這自然是神奇的徵兆，按照這種說法，劉邦當然是龍種無疑。

對此，有人深信，有人對此表示懷疑。

懷疑這類事、又有想像力的人，甚至演繹出以下的故事：劉媼是因為在湖畔與過路人勾搭成姦，或者睡夢中被人強暴，才會懷孕生下劉邦。那個年代不流行驗DNA，因而劉邦的父親是誰，就變成千古之謎。

這樣的推測雖然頗合情理，但是言而無據。俗話說：「捉賊捉贓，拿姦拿雙。」還好劉邦已經死去兩千多年，否則他可是會上法院按鈴申告，要求精神賠償的！

劉媼做這樣的奇夢，太公見到這樣的奇景，現場並沒有其他目擊證人，誰知道是不是真的，他們愛怎麼說就怎麼說。

如果是劉邦當了皇帝之後，太公、劉媼才說這樣的話，那判他們一個攀龍附鳳，信口雌黃的罪名，大概沒有什麼問題。可是劉媼死得早，沒有等到兒子發跡就駕鶴西歸了，所以這神話恐怕也不是夫妻倆蓄意編造。

但不論如何，劉太公看見蛟龍一事，實在很難讓人相信，因為自然界中本來就沒有「龍」這種動物。

中國人歷來篤信神奇的徵兆，尤其是那些大人物，幾乎個個都大有來頭，請看古書上的記載：老子騎著一頭白鹿來到他媽的肚子裡；蕭何他媽「感昴星之精」而生他；大詩人李白他媽夢見「長庚星」飛進懷裡；光武帝劉秀出生的時候，紅光滿屋，那年縣中長出嘉禾，一莖九穗，所以取名叫劉秀；朱元璋他媽懷他時，夢中有人送給她一顆藥丸，放在堂中放光，吃進肚裡留香⋯⋯

由此可見，好像只要出生奇特點的，都會有不凡的成就。

漢高祖劉邦，當然也要有一些可以唬弄人的傳說，否則他怎麼能在短短幾年間，從一個街頭無賴，搖身一變成為皇帝？

吹牛、扯皮是中國古代的文化傳統之一。這類神話雖然難脫杜撰之嫌，也許還是毫無背景的劉邦為自己造勢，刻意讓人編造的，但不論真假，他因此對自己有了信心，大眾也因此對他有了信心。

第 **2** 章

救你命，也要他命

真是陣怪風，早不吹，晚不吹，偏偏在項羽圍住劉邦的時候
吹。更巧合的是，還從西北方向刮來，刮散了楚兵的重圍。
看到這一幕，項羽心裡一定在咒罵：天啊，您怎麼可以這樣
公然作弊呢？

關於劉邦的種種神話傳說，雖然明顯有杜撰之嫌，但是說的人多了，眾人也就當真了。不僅秦始皇相信，一代謀臣范增也因此力勸項羽，早殺劉邦。

據《史記》記載，秦始皇一生五次巡遊天下，只有一次向西，其他四次都向東南，其中有一個重要原因，就是因為他相信「東南有天子氣」，想去把那個可能是天子的傢伙揪出來殺掉。

劉邦的這些奇特徵兆，後來也引起了他的主要敵人項羽的高級參謀范增高度注意。

那時，劉邦先入關中，想要稱王自立。項羽知道此事，下令攻打。范增趁機火上加油說：「劉邦在老家的時候，貪財好色，現在進入關中，卻跟人民約法三章，不貪財，不好色，看來野心不小。我曾經多次叫人觀望他的神氣，都是龍虎之形，五彩繽紛，這是天子之氣。請立即消滅劉邦，不要錯過良機！」

范增如此說，是想借助封建迷信了力量，加強項羽消滅強敵的決心。可惜，項羽沒有聽從，使得劉邦平安從鴻門宴上逃走，范增氣得臉都綠了。

且說劉邦去漢中後，首先火燒棧道，藉此麻痺項羽，之後又拜將韓信為將，平定三秦。兵出關東，輕取彭城。他以為自己已經有實力了，便不聽張良、韓信的苦勸，為義帝發喪，糾集天下諸侯之兵，達五十六萬之眾。雖然輕鬆地佔領了項羽的首都彭城，但是劉邦這支大軍其實只是烏合之眾，臨時充當元帥的魏豹，又是一個言過其實的人。劉邦本人還又「日置酒高會」，不做防範項羽進攻的準備。

項羽聽說彭城失守，連忙從齊國率領三萬精兵來救，輕易地就打敗五十六萬大軍，殺死「十餘萬人」。漢軍敗走，楚軍追到靈壁（安徽東北部）以東的睢水邊上，「大破漢軍，多殺士卒，睢水爲之不流」，幾十萬人被趕入睢水，活活溺死。

項羽隨即派兵「圍漢王三匝」，真是裡三層外三層。劉邦百般廝殺，仍然衝不破楚軍的包圍，眼看就要小命不保，碰巧此時，奇蹟出現！

司馬光《資治通鑑》說：「會大風從西北起，折木，發屋，揚沙石，窈冥晝晦，逢迎楚軍，大亂壞散，而漢王乃得數十騎遁去。」

這真是陣怪風，早不吹，晚不吹，偏偏在項羽圍住劉邦的時候吹。更巧合的是，還從西北方向刮來，刮散了楚兵的重圍，讓劉邦得以逃出。

看到這一幕，項羽心裡一定在咒罵：天啊！您怎麼可以這樣公然作弊呢？

劉邦脫圍而去，我們只能違心地說：天意。

中國西北一帶，春夏之交，經常出現類似的自然現象，現代人稱爲「沙塵暴」，大風刮起時，黑氣瀰漫，土味嗆人，咫尺之間不見光亮，睜不開眼、吸不了氣、開不了口。劉邦和項羽是不是也遇到了沙塵暴？不得而知，姑且這樣猜測。

這場暴風刮得正是時候，救了劉邦一命，也使得更多的人相信，劉邦這哥們有神的護佑，真命天子，紛紛前來依附，漢軍聲勢日益壯大。

對這些傳說，後人多有評論。

明代文人李贄在《史綱評要．卷四．後秦紀》裡這麼說：「呂后望氣，老嫗哭蛇，英雄欺人耳！」

今人葛劍雄則在《泱泱漢風》說：「就拿劉邦來說，漢朝的史官記載很多他得天命的徵兆和事蹟，實際上都經不起深究。說他左腿上有七十二顆黑痣，那就更玄了，因為當時不興在公共場所穿三角褲或裸體，除了他的父母妻妾，誰能看到這些痣，並數一下究竟有幾點？」

真可算是妙語。

神風救了劉邦，但最終神也要了劉邦的命。對於自己的神奇傳說，最開始的時候，劉邦可能只是一笑置之，心中有數。可到了後來，他不但信以為真，甚至對此入了迷，以至於相信神會護佑自己，諱疾忌醫，最終送了小命。

劉邦當上皇帝後，為了消滅異姓王，幾乎年年征戰。五十三歲那一年，征討英布時被冷箭射傷，回家途中病情加重，《史記》說「病甚」。

古漢語中，「疾」和「病」的區別較為明顯：「疾」指小病，「病」指重病。「病甚」就是重病、病危之意。

《史記．高祖本紀》記載：呂后找來一名醫生替劉邦看病。劉邦問醫生病情，醫生說：「皇上的病不難治，只要精心料理，按時服藥，不久就會好轉。」

誰知，劉邦罵開了⋯⋯「我本來是一個布衣百姓，手提三尺寶劍，斬蛇起義，如今奪

取天下，這難道不是天命？我的性命在天，就算扁鵲在世，又有什麼用？」

這哥們迷信天命，竟到了有病不治、有藥不吃，一切全聽憑上天安排的程度，也算虔誠到家了。

一系列神話自然不是科學可信的說法，只不過反映出古人的神神道道。對於鼓舞劉邦的鬥志、樹立他的信心，它們無疑發揮了極大的作用。然而，劉邦也正因為過度迷信，貽誤病情，以致送了小命，真是可笑可歎！

第 **3** 章

吃白食的兄弟

大嫂敲鍋打灶，弄得滿屋子震天響。劉邦的朋友們聽到聲音，都說可惜來晚了，相繼離去。劉邦獨自到廚房一看，鍋裡的飯根本尚未煮熟，正冒著騰騰熱氣。

獅子、老虎因為生性兇猛，而被稱為百獸之王，眾獸避之不及。狐狸呢？普通百姓一個，但善於偽裝，大事不糊塗，小事無所謂，眾獸對牠總有一種親近感，不太有防範之心。這，就是狐狸成功狩獵的秘訣所在。

劉邦這隻狡狐，不像項羽這頭猛獅，殘忍得能讓人聞到殺氣，也不像某些儒士一樣，滿口仁義道德，散發出一股酸味。

劉邦就是劉邦，嘻笑怒罵，凡事真真假假，假假真真……

在老家的時候，劉邦的酒肉朋友不少，知心的哥們也不少。他經常去吃人家的，少不得也會帶些人到家裡吃吃喝喝。

劉老大、劉老二不好說什麼「出力養懶漢」、「坐吃山空」之類的閒話。總要在背後說些什麼，畢竟這是他們的親弟弟，可是嫂子們難免心生不滿，劉太公是個心裡明白的人，大兒子、二兒子不便說，媳婦其實就是傳聲筒，怪只怪他這么兒不爭氣，索性分了家，要對劉邦進行「思想改造」。

然而劉邦「惡習」難改，劉太公的話，左耳進，右耳出，只當耳邊風，哪裡聽得進去，依舊我行我素。

劉邦脾氣不改，劉太公最後只得召開一場「家庭會議」。雖說是「家庭會議」，其實只不過是倆父子談談心而已。

劉太公說：「老三啊，你不能整天這樣無所事事，不務正業了，只要是人都知道，吃飯是人生第一件大事！」

劉邦說：「什麼是正業？你是說種莊稼的事嗎？」

「不種莊稼，哪裡有糧食？沒有糧食，你吃什麼？我這麼一大把年紀，還養得了你幾年？你看你二哥——」

不等劉太公說完，劉邦哈哈大笑道：「您老人家放心！不要看我現在這個樣子，總有一天我會讓你吃香喝辣，享盡榮華富貴！」

說完，他拍拍屁股轉身就走，氣得劉太公吹鬍子乾瞪眼。一場鄭重其事的家庭會議，就這樣不了了之了。

按理說，作為人家的兒子，不管是不是接受批評教育，都應該好好參加家庭會議才是。可是劉邦不僅走了，還撂話說將來要讓老爸「吃香喝辣，坐享榮華富貴」，這無疑是在吹牛皮。

令人可笑又可恨的是，若干年後，在尊劉太公為太上皇的莊嚴場合，他居然還沒忘那句可能讓他當時不好受的話。看看這傢伙是怎樣表演的：

劉邦雙手捧著玉杯，給太上皇劉太公敬酒，大笑說：「當年太上皇經常說我是個無賴，遊手好閒，不能發家置業，不如二哥。不知道我今天的產業比起二哥，如何啊？」

群臣高呼萬歲，一片歡聲笑語。

劉太公能有什麼反應？只得陪笑。

分了家之後，懶性不改的劉邦要如何生活呢？他自有辦法，不是到朋友家去混一頓，就是到哥哥家去打游擊。嫂子雖然不歡迎，但畢竟是丈夫的兄弟，也不好說什麼，只好聽之任之。

不久，劉邦長兄劉伯病故，嫂子要獨力養家活口，日子過得很辛苦。但劉邦視而不見，聽而不聞，依舊帶著朋友去吃白食。

一天，快到晌午時分，劉邦又約了幾個狐朋狗友到大嫂家吃飯。剛一進門，就被正在做飯的嫂子看見。

對於一個寡婦來說，養家餬口已經艱難之至。可這小叔子一人來了不算，還帶來了一群，這可是一群「飯桶」啊！

大嫂越想越心酸，越想越氣憤，於是敲鍋打灶，弄得滿屋子震天響。

劉邦的朋友們聽到聲音，都說可惜來晚了，相繼離去。劉邦獨自到廚房一看，鍋裡的飯根本尚未煮熟，正冒著騰騰熱氣。他因此十分怨恨大嫂，長歎一聲，轉身離去。

劉邦的大嫂不會算命，大概也聽不進去那些關於劉邦的神奇傳說，她要是知道劉邦將來會當皇帝，也不致吝惜一頓殘羹冷炙，影響了兒子的仕途命運。

劉邦當了皇帝之後，大封諸王功臣，封劉老二劉仲為代王、從兄劉賈為荊王、少弟

劉交為楚王，封庶出長子劉肥為齊王，只有長兄劉伯之子劉信未加封賞。

劉太公問起此事，劉邦回答說：「我怎會忘記呢？只是他母親當年做事太過分，我至今氣憤不過。」

直件事到次年十月，劉邦才封劉信為羹頡侯。「羹頡」就是刮飯鍋響之意。

換個角度看，這也給人們上了一課：一頓粗茶便飯，何必斤斤計較。

不難看出，劉邦也是一個再普通不過的人，會為小事記恨，還會找機會報復，不過發洩完了就沒事。想什麼就說什麼，想發怒就發怒，實在氣不過，還會幹上一架。大體來說，這種人還是挺可愛的。

第 4 章

賺來的老婆

呂公對劉邦說：「我向來喜歡給人看相，看過的人很多，但是沒有一個比得上你，希望你自珍自愛。我有一個女兒，想要給你當小妾，替你鋪床疊被，不知道你願不願意？」

狐狸因為天生漂亮，狗和狼都願意跟牠做朋友。劉邦因相貌奇特，小本經營的武姓婦人和王老太婆都甘願「折券棄責」，讓他白吃白喝。劉邦因相貌奇特，還被善於看面相的主人相中，招為女婿，賺到一個如花似玉的老婆，這買賣怎麼看怎麼值得！

分家之後，劉邦不知使用了什麼公關方法，當上了泗水亭長。

秦法規定：「十里一亭，設亭長，掌治安，宿旅客，理民事。」

十里之地，人不多，地不廣，一個人幹這麼點事，恐怕還不如今天的一村之長。官很小，不過在當地還算是個人物。

《史記》說，劉邦「不事家人生產作業」，又說他性好酒色，經常到一個叫姓王的老太婆和一個姓武的婦人開的酒店裡賒酒喝。有一回，正當他喝得醉醺醺時，怪事出現，頭頂竟然浮現龍形！小酒店的老闆娘看見這一幕，自然大感驚奇。

劉邦經常賒酒，日積月累下來，想必是一筆可觀的數目，但這兩個小本經營的婦道人家，最後都主動「折券棄責」，撕了帳本，讓他白喝。

小酒館的兩位老闆娘，是否與劉邦有什麼桃色事件，後人不甚了了。

有人說他常借宿店中，與武姓婦女的關係十分曖昧，但是史書沒有詳細的記載，現在的我們也不好憑空附會。

比較符合常理的推斷是這兩位婦人怕劉邦給她們穿小鞋，才

會找這樣一個機會來巴結。

劉邦擊敗英布後，曾回老家省視父老鄉親，他沒有忘記這兩位婦人的恩情，各賜她們黃金千兩。

當了皇帝之後，還記得這樣的小事，看來他也不是一個忘恩負義的人。

官吏白吃白喝，在中國是根深柢固的一種傳統，像劉邦這樣的事情，應該是很常見的。奇就奇在，傳到最後，不是他以權謀私，而是他的頭頂「有龍形」，所以酒債被一筆勾消。這無疑是一種廣告行銷，是不是劉邦的創意，今天無法考證，但在當時所產生的影響，不管是對劉邦，還是對當地百姓，都十分巨大。這也是「龍種」說的另一有力證據。

單父人呂公爲了逃避仇家，遷徙到沛縣。因爲他是縣令的朋友，縣裡的大戶人家、官吏等都前來送上厚禮，拉拉關係、套套近乎，以期日後在縣令那裡分一杯羹。

劉邦當然也去捧場，可這位「龍的兒子」身上不帶一文錢，究竟是囊中羞澀，還是故意爲之，今日不得而知。

當時負責接待客人的，是在沛縣擔任主簿的蕭何，同時也是他的好朋友。

他見劉邦空手而來，想開個玩笑，於是宣佈了一條規定：凡是賀錢不足一千的人，一律只能在堂下就坐。

劉邦沒錢，可他不管這些，高聲對傳話的人說：「我出賀錢一萬！」

這句「大話」先聲奪人，呂公聽了，趕忙出來迎接。一見劉邦氣宇軒昂，與眾不同，心裡非常喜歡，立刻請入上席就坐。

蕭何眼見玩笑開大了，急忙對呂公說：「劉季這傢伙說話，沒有幾句是真的，您不要相信他。」

呂公卻不甚在意，呵呵笑道：「沒關係，沒關係……」

喝完酒，白吃了一頓飯，按理說就可以拍拍屁股走人，劉邦卻被呂公挽留下來，聲稱有要事相求。

他把劉邦請進內室，並引見了妻子呂媼和女兒呂雉。

突然見到陌生男人，呂雉嫣然一笑，低頭離去，那模樣只能以「恰似水蓮花不勝涼風的嬌羞」來形容。劉邦本來就是個好色之徒，當場看得眼都直了。

蘭橋的《帝王春秋》中，曾對呂雉的模樣進行了一番描寫：「呂雉頭上髮髻如浮雲，眼似秋波美麗，面比桃花鮮嫩，一對酒窩兒更逼人喜愛。」

美人人見人愛，劉邦當然喜歡。

接下來，當著老婆呂媼的面，呂公對劉邦說：「我向來喜歡給人看相，看過的人很多，但是沒有一個比得上你，希望你自珍自愛。我有一個女兒，想要給你當小妾，替你鋪床疊被，不知道你願不願意？」

靠！世間竟有這麼好的事，不願意的一定是傻瓜。

劉邦當然求之不得，心中一千個一萬個願意，興奮得心差點跳出來。他哪裡知道，

等他離去後，呂家立刻掀起一場家庭革命。

呂媼直罵呂公說：「你這個老糊塗蟲！你是腦袋被驢踢傻了？你不是一直說我們的

女兒是個貴人？會嫁給大富大貴之人。縣令跟你的關係這樣好，多次為他兒子求婚，你

都不答應，怎麼現在主動把女兒許配給劉邦這個流氓？」

呂公不耐煩地回道：「婦道人家知道什麼？滾一邊去，少給我多嘴！」

不過，凡事都是有一好沒兩好。劉邦雖然憑吹大牛和他那副尊容白白撿了個老婆，

但因為端了縣令兒子的碗，免不了被縣令穿小鞋。當然，這是後話了。

第 5 章

天子面相

劉邦到底長什麼樣子？《史記‧高祖本紀》有簡略的記載：
高祖為人，隆準而龍顏，美鬚髯，左股有七十二黑子。在古
人看來，這一副尊容，就是天生皇帝命。

狐狸體態輕盈，行動敏捷，毛色赭黃，綿綿茸茸，在獸類中，是無庸置疑的漂亮一族。劉邦也有著漂亮的外表，相面先生便曾說他的相格「貴不可言」。不論此話是真是假，一副好長相，的確在無形中增加了政治資本。

劉邦娶了呂公之女呂雉，精力旺盛，不出幾年就生下了一兒一女。

有一天，呂雉帶著兒子和女兒在田間勞動，一個過路老頭前來討東西吃，呂雉就把飯食送給他。這老頭是一位相面先生，也許是拿人手短，吃人嘴軟，順便給呂雉相了一次面，說：「夫人是天下貴人，將來要母儀天下。」

呂雉要「母儀天下」只有兩種可能，一是她老公劉邦當上皇帝，要不就只有改嫁。呂雉接著又請老頭給兒子劉盈看相。老頭說：「夫人之所以母儀天下，就是因為這個男孩兒。」

劉盈在劉邦死後即位為漢惠帝，呂后因此成為太后，一度專權，威風八面。

老頭又給呂雉的女兒相面，說她也會大貴。此女日後為魯元公主，嫁給趙王張敖。

相面老頭離開不久後，劉邦回來，呂雉詳詳細細地把事情說了一遍。劉邦大喜，忙問老頭的去向，走了多久。呂雉指出去向，說未走多久，劉邦拔腿就追，也想請人家給他相面。

追上後，老頭把劉邦端詳一番，說：「剛才我所相的夫人和兩個孩子，都很尊貴，

而你的相格，更是貴不可言。」

劉邦深深拜謝，說：「果真如老人家所說，我一輩子不會忘記您的大恩大德。」

等到當上皇帝，劉邦派人去尋找這位老頭，卻已無處可尋。

這位相面先生是不是吃人嘴軟，故意拍馬屁，我們不得而知。但是古人相信面相，

這倒是實實在在的。

劉邦到底長什麼樣子？《史記‧高祖本紀》有簡略的記載：高祖為人，隆準而龍

顏，美鬚髯，左股有七十二黑子。

「隆準」就是高鼻樑。古書說：「龍鼻豐隆準上齊，山根直聳若伏犀。鼻樑方正無

偏曲，位至居尊九鼎時。鼻為中嶽，其形屬土，為一面之表，肺之靈苗也……隆高有梁

者，主壽；若懸膽而截筒者，富貴……鼻如截筒，衣食豐隆……準頭而圓，得外衣食；

準頭豐起，富貴無比……準頭圓肥，足食豐衣。」

從相書上看，光憑鼻子，劉邦就可以「得外衣食」、「富貴無比」、「足食豐

衣」。看來鼻子幫了他很大的忙。

古書說：「一取威儀，如虎下山，百獸自驚；如鷹開騰，狐兔自顫；不怒而威。一

顏就是臉，龍顏是什麼樣子，不得而知，但該是十分威儀的相貌，不用懷疑。

看敦重而精神，身如萬斛之舟，駕於巨浪之中，搖而不動，引而不來；坐臥起居，神氣

清靈，久坐不昧，愈加精采，如日東升，刺人耳目，如秋月懸鏡，光輝皎潔……」

了不起！憑劉邦的尊容，他大概能「如虎下山，百獸自驚」了。

龍對中華民族而言，是極為尊貴的。一個平平凡凡的人，一旦跟龍產生了聯繫，即有可能成為真龍天子。劉邦雖然出身貧賤，但有一副龍顏，足夠他受用一輩子。

劉邦其人，真是一處貴，處處貴，何況他還有「美鬚髯」。

古書說：「髭鬚黑而清秀者，貴而富，滋潤者發福⋯⋯黑而光澤，富貴無虧。」

在古人看來，這一副尊容，就是天生皇帝命。當然，附會的嫌疑是不難看出的。

沒辦法，古時候的人就吃這一套。春秋末代，趙簡子挑選接班人，就是因為聽從相師姑布子卿的話，才確定無恤為繼承人。無恤就是趙襄子，日後建立了趙國。

康熙為什麼要把大位傳給雍正？不少野史信誓旦旦說，因為他叫八字先生給乾隆算命，算出此子有皇帝命。雍正是乾隆他爹，兒子是皇帝命，老子自然要繼承大位。據說故宮博物院至今還保存著乾隆的八字。

面相，不是劉邦當上皇帝的必然因素，但對他和旁人的心態產生了極大的暗示作用，這一點不用懷疑。

是真有相面之說，還是劉邦、呂雉在演雙簧？如果是劉邦、呂雉杜撰出這樣的故事，那我們只能說，這夫妻倆真懂造勢。

第 **6** 章

斬蛇起義

果然有一條大蛇，好像長堤般橫亙在小路上。劉邦也沒細
看，只覺得一股熱血湧上心頭，抽出佩劍，大喝一聲：「畜
牲如此無禮！」手起劍落，巨蛇一下子被砍成兩段。

借助老虎的威勢，狐狸得到百獸的尊敬，這是狐假虎威的高明之處。

劉邦斬蛇，本是再平常不過的事，可是經過一番特意造勢，聲稱「白帝的兒子被赤帝的兒子殺了」，他便成為天意所歸的真命天子。

作為一個小小的亭長，少不了被上頭派些公事。此時，沛縣奉朝廷之命，徵調一批民夫，去驪山修秦始皇陵。可是那些被強迫徵來的民夫，誰也不願意離鄉背井，跑到那麼遠的地方去做苦力。不得以已之下，亭長劉邦被派去押送這批壯丁。

民夫們被繩子拴著，就像一群被販往遠方的牲口。但是，他們畢竟是人，不可能乖乖認命，總在尋找機會逃走。

至於劉邦，雖說是押解官，但跟這些人的地位也相差無幾，加上生性豪爽，凡事都無所謂，沒有刻意做什麼限制。沒想到，還沒走出縣境，已經逃了不少人。

劉邦暗自盤算，再這樣下去，還沒到驪山，民夫就全逃光了。這樣一來，自己可難逃干係，心中不由忐忑萬分。

一天，劉邦等人走到豐鄉（江蘇豐縣）西邊的大澤。這澤方圓百里之內，葦草叢生，遍地泥濘，有人又趁機脫逃，劉邦完全無可奈何。

他叫大家停下來休息，然後自個兒喝起酒來，一喝就喝到了黃昏。仰頭看去，只見滿天昏鴉，在大澤上空盤旋，就像他那起伏不定的心。

不久，像是終於下定決心，他突然站起來說：「諸位老兄到了驪山，也是九死一生。我今天把各位放了，大家各自逃命去吧！」

民夫們知道劉邦生性詼諧，以為他又在開國際玩笑，誰也沒有把這幾句話當真。

直到劉邦替他們解開捆綁的繩索，大家才知道是真的，個個感激涕零，高呼幾聲萬歲後，一哄而散。

怪的是，過不了一會兒，大半壯丁又回來了。

劉邦奇怪問道：「你們怎麼不走？難道還想去驪山觀光？」

其中一個壯丁回道：「邦哥，你不忍把我們押到驪山去送死，慨然釋放，這份恩情，至死不忘！但是，我們都走了，邦哥你怎麼回沛縣交差？」

劉邦忙說：「你們儘管走吧！我自然不會再回沛縣送死，天下如此之大，何處不能容身？大丈夫四海為家，哪裡不是家？」

眾人聞言，又是一陣感激，有十幾個壯丁情願留下來。劉邦見此情況，正好來個順水推舟，便高聲說：「承蒙各位老兄不棄，願意跟我劉邦，我也只好歡迎了！天高地廣，海闊天空，我們難道還闖不出一條生路來？」

就這樣，一行十幾人踏上逃亡之路。為了避人耳目，不敢走大道，只得往小路走。這一夜，頭頂上懸掛著一輪明月，清輝靜靜灑落，四周顯得和諧而寧靜。要是在平時，劉邦肯定會引吭高歌，盡情地抒發一番。可此時此刻，他已經成了一個逃亡之人，

心裡只想著，月色這麼好，要是讓人發現行蹤，那就糟了！

正在行進間，探路的人回報：「前面有一條大白蛇擋住道路，我們還是原路返回，另走他路吧！」

劉邦帶著幾分酒意，大聲說道：「大丈夫走路，哪裡有因為害怕一條巨蛇而返回的道理呢？」

說完，他大步走上前。沒多遠，果然見到一條大蛇，好像長堤般橫亙在小路上。他也沒細看，只覺得一股熱血湧上心頭，抽出佩劍，大喝一聲：「畜牲如此無禮！」手起劍落，巨蛇一下子被砍成兩段。

眾人撥開死蛇，驚歎一回，繼續前進。又走了數里，劉邦大醉難行，大家乾脆合衣躺入路旁草叢之中，呼呼大睡。

這件事已經夠怪了，更怪的事情還在後頭。

《史記‧高祖本紀》記載：第二天早晨，正好有一個豐邑人經過劉邦斬蛇的地方，看見一個老婦蹲在那裡哭泣，便趨前問她原因。

這人問：「有人殺了我的兒子……」

老婦人說：「有人殺了我的兒子……」

這人問：「妳的兒子怎麼會被人殺了呢？」

老婦人回答：「我的兒子是白帝之子，變化成巨蛇，擋住了路，被赤帝的兒子殺了！」說完，又傷心痛哭。

這人覺得老婦言語怪誕，正要追問，一眨眼，老婦已消失無蹤。

這人大惑不解，繼續往前走，遇見劉邦等人，就把這段神奇的遭遇告訴了他們。劉邦心中大喜，一副爲受命於天的架勢。那些跟著的壯丁自也深信不疑，更加敬畏他。

這，就是劉邦經常自吹自擂的「斬蛇起義」。

唐代賈公彥疏曰：「五帝者，東方青帝靈威仰，南方赤帝赤熛怒，中央黃帝含樞紐，西方白帝白招拒，北方黑帝計光紀。」

史書記載，秦國開國君主秦襄公立國西方，祭祀白帝，所以白帝在這裡暗指大秦王朝。傳說赤帝爲堯帝之後，是劉邦的祖先，因此在這裡暗指大漢。

從此以後，劉邦開口閉口就是「老子手提三尺劍斬蛇起義」，自負之情溢於言表。

他的龍子龍孫也以此作爲吹噓的本錢，向天下百姓宣稱他們是受命於天。

有的歷史學家認爲，這一年是公元前二○九年，也有人認爲是公元前二一二年，或是公元前二一一年。不管哪一年，反正劉邦認定先起義的是自己，當時陳勝、吳廣這兩個老兄還在替人家耕田呢！

話說劉邦斬了大蛇，興奮不已，帶著追隨他的一行人，走出大澤，進入芒碭山，當起了山大王。

芒碭山（河南省永城縣東北）分爲芒、碭兩座山，北邊叫芒山，南邊叫碭山，其間

相距七、八里地。兩山之間，峰迴路轉，谷深林茂，人煙稀少，野獸出沒。雖不能說「棒打豹子瓢舀魚，野雞飛到飯鍋裡」，但也是一個很好的生存環境。

劉邦拍拍屁股一走了之，可苦了呂雉，不得不拖兒帶女地去找丈夫。一個弱女子，卻能毫不費力地上門來，這令眾人驚歎不已。

劉邦忍不住問她說：「我們藏身之處經常變化，外人一概不知，妳拖兒帶女，怎麼一下子就能找到？」

呂雉這婆娘也很會侃，回答說：「你居住的地方，天上經常有雲氣籠罩，我憑著天上的雲氣判斷，自然能找到你。」

劉邦聽了，自然高興。事情流傳去，沛中子弟都知道劉邦是「龍的傳人」，暗中依附者日多，劉邦也因此成為沛中豪傑。

這種奇異徵兆，是不是劉邦和呂雉故意編造，藉以威服眾人？很有可能。

劉邦遇蛇、斬蛇之事，《史記》明文記載，但是真是假都屬次要。最重要的是，此刻起，一行人只有披荊斬棘，一往無前，義無反顧，才有生存下去的可能。與其說這是一個美麗或誇張的傳說，還不如說這件事揭示了一個真理——挺起腰桿往前走，金光大道；畏縮不前朝後退，絕路一條！

第 **7** 章

打造關係很重要

夏侯嬰竟也矢口否認：「我不小心撞到樹受傷，不是劉邦打的。」縣令明知道夏侯嬰在替劉邦開脫，但又苦無證據，只得遷怒，把他「掠笞數百」，關了一年多。

一隻狐狸失足掉進了井裡，無論怎樣掙扎都出不去。

一隻山羊口渴了，來到井邊，看見狐狸在井下，便問井水好不好喝。

狐狸說：「這是天下第一好泉，清涼爽口，快下來一起痛飲。」

山羊信以為真，不假思索便跳了下去。咕咚咕咚痛飲之後才發覺不妙，不得不與狐狸一起商議如何出去。

狐狸說：「我有一個好辦法：你把前腳趴在井牆上，再把角豎直了，我從你後背跳上去，然後再把你拉上去。」

山羊同意了。狐狸立刻踩著山羊的後腳，跳到山羊的背上，再從角上用力一跳，順利跳出了井口。上去之後，狐狸直笑山羊是蠢蛋，然後揚長而去。山羊在井裡大吼大叫，卻無計可施。

從這個寓言中，我們知道：弱勢的狐狸能在優勝劣汰的世界中生存下來，除了善於運用自身能力，更懂得利用身邊的一切資源。

一個小小的亭長算不了什麼，可是劉邦當上了亭長，居然自在得很，因為他更能幹自己想幹的事情，也和官府攀上了關係，由此營造出一張廣闊且穩固的關係網。

亭長這個職位，只不過為官府跑跑龍套而已，大多數時間裡無所事事。劉邦仍然可

以四處吹牛，四處遊逛，做他想做的事。

對於這位新上任的亭長，有人把他當成無賴，有人卻把他當成了寶貝。呂公把一個如花似玉的女兒嫁給了他，用時下的話來說，真是一朵鮮花插在牛糞上。

劉邦和呂雉成親，在家纏綿數日後，就又回到了泗水亭去。

由於耐不住寂寞，不久後他便勾搭上一個姓曹的女人。

男有情，女有意，兩人成了露水「夫妻」。曹氏居然比呂雉還早懷孕，後來生下長子劉肥，就是日後的齊王。

不能說劉邦不喜歡呂雉，但在他的眼裡，愛與肉欲就是那麼一回事。只要自己喜歡，只要自己快樂，他才不管那麼多呢！

與大多數農民一樣，劉邦日出而作，日沒而歇，完完全全淹沒在廣大群眾之中，看不出任何特殊的地方。看看左鄰右舍，你肯定能找到一個和劉邦一樣的人。

沒辦法，人們都知道一句名言——「劉邦從來不讀書」！

劉邦的文化水準低下，不可能從所見所聞之外獲取更多的訊息，他的眼光最先盯在社會現實的榮辱毀譽之上，最先看到的是功利。

也因為沒有受過教育，他生性豪爽，不拘小節，做事情往往依感覺走，想幹什麼就幹什麼。幸好他還有一個長處，總算比一般的莽夫高明了一點，那就是很善於傾聽高人

的意見，不專斷獨行。

不管怎麼說，當上了泗水亭長這個職位，既可以吃點小小的俸祿，又可以幹一些自己願意幹的事，劉邦自然很喜歡。

雖只是一位小小的亭長，但劉邦因此結識了各方人士，特別是縣衙裡的縣吏。這期間，他與蕭何、曹參、夏侯嬰、任敖等人都打得火熱，這些人全都甘願替他背黑鍋，為他兩肋插刀。

夏侯嬰與劉邦關係很好，經常在泗水亭一起飲酒。

一次，兩人飲酒之後戲耍。由於劉邦太過大剌剌，戲耍居然也不知輕重，出手打傷了夏侯嬰。按照秦法規定，差官傷人，應該重罰。有人將此事告到了縣衙，縣令正好想報一下「奪子妻之恨」，便將他傳來。

縣令問跪在堂下的劉邦：「劉邦，你怎麼將夏侯嬰打傷？從實招來！」

劉邦一口否定說：「回大人話，夏侯嬰昨天的確在小人那裡喝過酒，但是從未發生打架鬥毆之事，請大人詳查。」

縣令傳令：「傳夏侯嬰堂下問話！」

夏侯嬰被傳了進來，頭上帶傷，跪在堂下。

縣令問：「夏侯嬰，劉邦是如何將你打傷的？從實說來！」

縣令的確有意為難劉邦，否則，怎麼會用這種帶有前提的問話方式？

誰知，夏侯嬰竟也矢口否認：「回大人話，我昨夜喝醉酒，不小心撞到樹受傷，不是劉邦打的。」

縣令明知道夏侯嬰在替劉邦開脫，但又苦無證據，只得遷怒，把他「掠笞數百」，關了一年多。

夏侯嬰爲劉邦受過，可見兩人交往之深。反過來看劉邦，傷了朋友還不承認，可謂標準無賴一個。

劉邦私放驪山民夫後，逃往山裡，杳無音訊。縣令大怒，派人去捉劉邦家小。劉太公已跟劉邦分家另居，未被株連，只有呂雉被抓。

秦朝素以嚴法苛刑聞名，呂雉又無錢打通關節，在牢中受盡凌辱。

一日，一名牢卒見呂雉姿色秀麗，頓起歹意，準備調戲，正好被劉邦好友任敖碰見。任敖本是俠義心腸，一陣拳打腳踢，把這個牢卒打得鼻青臉腫。

兩人的打鬥被其他牢卒制止，一起押至縣令面前。

縣令開堂審理，雙方各執一詞，互相指責。

蕭何正在旁邊，有心護著任敖，進言說：「牢卒執法犯法，應該重罰；任敖出自俠義之心，行爲雖然粗魯，但尚可諒解。」

縣令本來斷不清此案，覺得蕭何言之有理，便把牢卒打了四十竹杖，開除回家，對

任敖則申誡一頓，不准今後再如此粗魯。

過了不久，經過蕭何等人的奔走，呂雉終獲釋放。

由這幾件事可以知道，無論做什麼事情，都不能沒有一批志同道合的朋友，從古到今，無不如此。劉邦結識的這些朋友，後來全成了和他一起打天下的班底。

第 8 章

凡事都得「衆望所歸」

劉邦立即召集追隨他的數百亡命之人，向沛縣進發。人馬飛速前進，很快來到城下。蕭何早已擬好文告一份，立即抄寫若干張，用箭射進城去，發動一場民心攻勢。

聰明的狐狸，不會直接取代老虎，成為山大王。

劉邦知道，強扭的瓜不甜，民眾若不是真心順服，必然會再次叛離。計殺沛令後，他沒有像項羽一樣，用刀劍臣服他人，而是做足了順從民意的姿態，等著老百姓將沛公之職「強行」安在自己頭上。

不多久，陳勝起義，很多郡縣都殺郡守縣令，開城門迎接。沛縣令驚恐不安，連忙找蕭何、曹參商議。

蕭何說：「大人久為秦國官吏，現在準備叛秦起義，恐怕不能服眾。不如徵集四散逃亡之人，少說也有數百，藉此服眾，大事可成。」

其實，這是在為劉邦尋找機會。曹參聽出了話中之意，忙著補充：「劉邦原是泗水亭長，雖然私放驪山差役，實在出於萬不得已。此人有膽有識，一身豪氣，赦罪召回，定能感恩圖報，輔佐大人成就大事。」

沛令聽了，思考一會兒說：「劉邦逃到何處，哪個知道？」

曹參說：「大人手下鄉丁小頭目樊噲，與劉邦是連襟兄弟，一定知道下落，可叫他去招來劉邦。」

樊噲本是殺狗之人，素與劉邦友好。那時的人吃狗肉，就像今天吃豬肉一樣平常。

據說，劉邦經常去樊噲那裡白吃，樊噲受不了，索性把攤子搬到河對面去賣。誰知

河中游來一隻大烏龜，把過不了河的劉邦馱了過去。樊噲一氣之下，把烏龜殺了與狗肉一起煮，以解心頭之恨。出乎意料的是，狗肉由此更加鮮美可口，遠近馳名。

劉邦因為面相好，白撿了呂公的長女呂雉。樊噲也因為外貌被呂公看中，把二女呂嬃嫁給了他。劉邦逃到芒碭山中後，樊噲也去入夥，後來因為蕭何、曹參等人周旋，又回到沛縣當了鄉丁小頭目。

且說樊噲接到命令，忙趕到劉邦那裡，告訴他沛令相招之事，並送上沛令書信。劉邦立即召集追隨他的數百亡命之人，向沛縣進發。

剛走到半路，蕭何、曹參迎面趕來。

蕭何說：「前日沛令召你回來，說好等你到了就舉大事。可是，樊噲走後，沛令突然後悔，怕你來了對他不利，下令緊閉城門，還要殺我二人。幸好我們得到消息，翻過城牆逃脫，否則也見不到你了！」

劉邦笑道：「他怕老子回去，老子不去不就行了？二位跟我一起回芒碭山中，過幾天清閒自在的日子吧！免得再受這些人的鳥氣！」

曹參說：「不可！我們的家眷都在城中，必然會被沛令殺害。」

蕭何說：「天下紛紛起事，天賜良機，切莫錯過，久在山中為王，也不是長久之計。你率兵前進，攻破沛城，就有了立足之地。而且，沛城之中，要殺縣令的人豈只一兩個？施一小計，包管大家平安進城。」

劉邦、曹參細聽他妙計，心中大喜，催動人馬飛速前進，很快來到城下。蕭何早已擬好文告一份，立即抄寫若干張，用箭射進城去，發動一場民心攻勢。

文告是這樣寫的：「天下慘遭秦國暴政欺凌已經很久了，民不聊生，豪傑蜂起。如今劉邦倡義聚眾，欲依照公議推舉沛縣主事，迎接天下諸侯，共同完成推翻秦國大業。父老鄉親如果幫助沛令守城，諸侯大軍必然屠城，身死家破，徒死無益。若能誅殺沛令，開城投誠，日後定當高官，可享盡榮華富貴。否則，城破之日，玉石俱焚，後悔莫及。」

文告傳入沛城，可想而知，城中居民一夜十驚。

劉邦好友任敖也撿到一張，看後大喜，忙去找三老、豪傑商議。大家議論一番，一致認為：「劉邦已經率兵圍城，所言應該不假。沛令素來不得人心，殺了他，也是他罪有應得。再說了，蕭何、曹參等人肯定已降了劉邦，此城怎可能長期固守？不如誅殺沛令，迎接劉邦入城！」

眾人商議已定，當即率領子弟、家丁攻入縣衙，殺死沛令，而後大開城門，迎接劉邦入城。

入城後，蕭何、曹參、任敖等人，與父老、豪傑共同商議，準備推舉劉邦為沛令。

劉邦聞訊，急忙推辭說：「天下紛紛，群雄並起，要是沒有選擇好首領，必將一敗塗地。不是我不肯為父老鄉親出力，是我無德無能，恐怕會辜負大家的盛情，希望另外

推舉賢能之人。」

這時，有人又點名蕭何、曹參。兩人都是文吏，考慮事情比較周到，深怕將來大事不成，反被秦國滅種滅族，更是萬般推拒，力薦劉邦。

劉邦自然還是推辭，因為他的文告已經指明要大家公推，現在不得不擺姿態，以便服眾。其實，由他當領導，也是理所當然的事情，畢竟就是因為他那數百人，才使得沛令身首異處。

父老、豪傑都說：「我們平生聽到你許多異事，看來你本當大富大貴，而且占卜問卦，也無人比你大吉。」

劉邦雖然再三推辭，但在沒有人敢擔當這一重任的情況下，最終也只好「勉為其難」地答應了。

之後，劉邦設壇告祭上天，祭祀黃帝，殺牛釁鼓，皆打赤幟，以應「赤帝子」殺白帝子之說。又拜蕭何為丞，曹參、周勃為中涓，周昌、樊噲為舍人，夏侯嬰為太僕，任敖、周苛、盧綰等人為客從。一個強大的團隊，逐漸成型。

第 9 章

目標是什麼？

劉邦「西略地入關」是懷王的命令。但是，這種安排顯然有
偏袒的嫌疑。西進關中者，可為關中王，相較之下，北救趙
國能有什麼獎賞？

一位禪師與弟子外出，看到狐狸在追兔子。

師父說：「大部分清醒的兔子，都可以逃掉狐狸的追殺，這隻也可以。」

弟子說：「不可能！狐狸跑得比兔子快！」

師父仍然堅持，「兔子將避開狐狸。」

弟子問：「師父，您爲什麼如此肯定？」

師父答：「狐狸是在追牠的晚餐，兔子是在逃命。」

目標不一樣，往往導致努力程度的不一樣，也導致了結果的不一樣。

項羽的目標是什麼？

項羽與秦有國仇、有家恨，他的目標就是「報仇雪恨」。

劉邦的目標是什麼？

先入關者王秦！

劉邦之母死後不久，秦軍來攻城。劉邦帶著他的兵馬，與來敵展開刀對刀、槍對槍的戰鬥。來敵是秦泗水監軍，不敵，帶兵逃走。

劉邦命同鄉人雍齒留守豐城，親率大軍追趕。泗水（江蘇沛縣）一戰，又敗秦軍。

泗水郡守和監軍逃往薛（山東騰縣東南），劉邦窮追不捨，直到殺死郡守方止。

劉邦在前方血戰，想不到後方出了大問題，有人來挖牆角了！

陳勝命手下周市西攻魏地，周市派人遊說豐城守將雍齒，對他說：「豐城是魏國故地，魏國已經攻下了數十城。如果你開城投降，你就是魏國的豐守，否則，攻破城池，雞犬不留。」

雍齒雖然是劉邦同鄉，但是與劉邦素有隙，便脅迫城中將士、百姓，開城投降了周市。公元前二○九年十二月，劉邦人在前線，正欲進兵亢父（山東濟寧市南），忽聽雍齒舉城降魏，驚恐得不敢相信自己的耳朵。等他聽清楚報告之後，立地大喊一聲：「我一定要殺死雍齒這個叛賊！」

不打了！劉邦立刻帶兵趕回豐邑。豐城經過幾個月的整修，比以前堅固多了，劉邦攻打幾日，損兵折將，不想又生了病，只得折回沛縣。

劉邦退回沛縣養病，十分痛恨雍齒與豐邑人背叛自己，聽說秦嘉擁立景駒為楚王，駐軍留（江蘇沛縣東南），便打定主意去依附，借兵再奪豐邑。

次年一月，劉邦率領軍隊往東南方向前進，準備投秦嘉和景駒。路上，遇到韓國貴族後代張良。

張良素有賢名，劉邦早就知道；劉邦沛縣起義，張良早已知道。兩人見面，雖說初會，但彼此都慕名已久。聽說張良也要去投奔景駒，劉邦忙叫人牽來一匹好馬，與他並轡而行，邊走邊聊，大有相見恨晚之意。

《史記‧留侯世家》載：「沛公拜良為廄將。良數以《太公兵法》說沛公，沛公善

之，常用其策。良爲他人言，皆不省。良曰：『沛公殆天授。』故遂從之。」

從此，劉邦得到漢初三傑之一。

劉邦等人到了留，見過景駒，忽然有士兵前來通報，說章邯兵馬掠地，攻下相縣（安徽睢縣西北），就快打到碭（河南永城東北）。劉邦只得與秦嘉帶兵擊秦，兩軍在蕭城（安徽北部）西交戰，起義軍敗退，撤軍守留。

公元前二〇八年二月，劉邦率兵攻碭，經過三月激戰，奪下碭，收編兵卒五六千人，軍威復振。三月，劉邦從碭出發，揮師北進，攻取下邑（安徽省碭山縣），北下攻打豐邑。劉邦屯兵城下，苦思良策。

此時，項梁擊殺秦嘉，引兵攻佔薛城。劉邦聽說後，與張良商議，決定去找項梁借兵。項梁見劉邦容貌不俗，言語出眾，格外敬重，借他五千人馬。

劉邦借得兵馬回來，晝夜攻城，經過三天二夜，雍齒抵擋不住，城破，只帶了幾個隨從突圍，逃竄魏地。劉邦進入豐邑，傳來三老、豪傑，狠狠訓斥一頓，令他們組織兵士，加固城防，並派人隨項梁的人馬到薛城報捷。

過了月餘，項梁致書劉邦，約他到薛城商議軍機大事。在這次大會上，項梁聽從范增建議，擁立楚懷王。

經過張良的活動，項梁立韓公子成爲韓王，封張良爲韓申徒，撥給一千餘兵馬，派

往韓地掠地奪城，張良也因此暫時離開劉邦。

劉邦聽從項梁將令，與秦軍作戰多次。公元前二○八年七月，秦少府章邯擊敗陳勝之後，引兵北攻魏國，殺齊王田儋、魏相周市，魏王引咎自焚。章邯趁勝進攻齊地，兵圍田榮於東阿（山東陽谷縣東北）。城內兵少糧缺，情況危急。項梁率領項羽、劉邦揮師北上救援。兩軍在東阿城下混戰，最後項梁終於戰勝章邯，讓他嘗到失敗的滋味，不得不向濮陽（河南濮陽縣西南）方向逃。

隨即，項梁分兵兩路，命令劉邦和項羽攻打城陽（山東鄄縣），自己領兵追趕章邯。城陽秦軍拼命抵抗，城破之後，項羽屠城。

八月，項梁在濮陽城外再破秦軍，章邯敗入濮陽堅守。項梁移兵攻定陶，令劉邦、項羽攻打雍邱（河南省杞縣）。三川守李由先勝後敗，被劉邦部下夏侯嬰殺死。

不料，項梁在攻打定陶的戰鬥中輕敵而亡。楚懷王遷都彭城之後，召開高級軍事會議，與諸將約定「先入定關中者王之」。劉邦獲准引兵西進，去奪取關中。

從沛豐起兵以來，這段時間，劉邦只不過在項梁手下打了幾仗，而且基本上都是與項羽合作，直到這一刻，才算走上獨立滅秦的道路，跨出登上天子之位的關鍵一步。細細想來，既是運氣，也是機遇。

這個機遇究竟是劉邦抓住的，還是楚懷王等人指定的，史書沒有明文記載，但是可以藉《史記・高祖本紀》中的一段話加以分析。

趙數請救，懷王乃以宋義為上將軍，項羽為次將，范增為末將，北救趙。令沛公西略地入關。與諸將約，先入定關中者王之。

當是時，秦兵強，常乘勝逐北，諸將莫利先入關。獨項羽怨秦破項梁軍，奮，願與沛公西入關。

從第一段話來看，劉邦「西略地入關」是懷王的命令。但是，這種安排顯然有偏袒的嫌疑。西進關中者，可為關中王，相較之下，北救趙國能有什麼獎賞？

第二段話則表示，因為秦國強大，雖有重賞，也無人敢參與競爭，只有項羽願與劉邦同去。這又讓人忍不住懷疑，是劉邦自己願意去的？還是因為項羽主動請戰，才產生這兩人到底誰去的問題？

無論如何，劉邦能得到這樣一個機會，的確至關重要。劉邦，特別是他的謀臣們，想來對此也十分重視。

從此以後，劉邦的一切行動，都朝著「入關」這一目標挺進。

第 **10** 章

人才力量大

五更時分，大軍已把宛城圍住。劉邦下令各軍掛出全部赤幟，擺出各種武器，簡直把城圍成鐵桶一般。南陽郡守登城一見此等情況，嚇得三魂一下子少了二魄。

得到入關的許可，劉邦從碭地出發，一路收羅陳勝、項梁散兵，揮師北向，大破城陽，連敗秦軍，全軍將士都欣喜異常。

接著，劉邦在東郡（河南省濮陽西南）附近打了幾次勝仗，收編楚將陳武、魏將皇欣、魏申徒武蒲的軍隊，隊伍增加到兩萬多人。

秦二世三年二月，劉邦率兵南下，兵圍昌邑（山東省金鄉縣西北），昌邑守將據城固守。劉邦與彭越聯合攻打，城中拚死抵抗。劉邦害怕拖延時間，決定放棄攻打，從此又與彭越分別。彭越繼續在巨野（山東西南部、萬福河北岸）澤中幹他原來的行當──「為群盜」。

接下來，劉邦率兵西進，路過高陽。在這裡，他得到兩個重要謀臣──酈食其和其弟酈商。

酈食其是高陽（河南省杞縣西）的一個老儒生，平生最愛喝酒，家貧落魄，無以為生，只好充當里中監門吏。

雖然如此，高陽縣中人都不敢派他差役，認為他是一個狂士。

聽說劉邦來到陳留（河南省開封市）附近，酈食其便準備前去見劉邦。

劉邦手下有一騎士，正是酈食其的小老鄉，同居一個里，劉邦經常與他談論賢士俊傑之事。正好這位騎士回鄉省親，酈食其碰到了他，兩人閒聊起來。

酈食其說：「我聽說沛公劉邦素來傲慢無禮，但是志向遠大。我正想跟這樣的人交往，但是沒有人給我介紹介紹。你回去對他說，我們里中有一個儒生叫酈食其，年齡六十多了，身高八尺，人們都叫他狂士，但他卻說，自己不是狂士。」

騎士說：「沛公不喜歡儒生，有很多人戴著儒生的帽子去見他，他竟取下人家的帽子來當尿器！他與人說話，經常罵咧咧，所以絕不能說你是儒生！」

酈食其說：「你只管這樣說。」

騎士把話源源本本地告訴劉邦，劉邦令他去召酈食其來見。

酈食其來到劉邦的住所，就見劉邦踞坐床上，兩個女子正在給他洗腳。

酈食其走上前去，只作了個揖，也不行大禮，開口問：「你領兵到這裡，是幫助秦兵討伐諸侯呢？還是跟天下諸侯一起消滅秦國？」

劉邦罵道：「迂腐的讀書人！天下人慘遭秦國暴政的折磨已經很久了，所以諸侯聯合滅秦！你竟然糊塗到如此地步，此時還說輔助秦兵討伐天下諸侯！」

酈食其說：「既然是起義兵翦滅暴秦，為什麼擺出這副德性來見長者？如此輕慢賢士，誰願給你出謀劃策？」

劉邦聞言，臉色轉為恭謹，馬上站起來，請他上坐，致歉說：「剛才先生來得匆忙，一時禮數不周，切莫見怪。」

於是，酈食開始高談闊論。先說六國縱橫，後論秦國無道，口若懸河，滔滔不絕，

彷彿蘇秦、張儀再世。

劉邦大喜，叫人擺上酒食，請問伐秦入關大計。

酈食其一邊喝酒，一邊高談闊論，說道：「將軍收羅烏合之眾，率領散亂之兵，總共加起來不過數萬人，就想直入關中，進攻強秦，此可謂驅群羊而入虎口者也。依我之見，不如先佔領陳留。陳留是秦國屯糧的地方，城中積糧很多，足以補充軍需，又是天下戰略要地，四通八達。我與陳留長官關係不錯，願去勸降。如果他不聽招安，將軍引兵攻城，我可以為內應。佔領陳留，作為根據地，然後尋找機會攻入關中，這才是萬全之策。」

劉邦聽了很高興，依計行事，派兵暗中跟隨。

到了陳留，酈食其大侃特侃，用三寸不爛之舌遊說縣令，但任他說得天花亂墜，縣令始終不為所動。

見狀，酈食其話鋒一轉，又獻計守城。縣令被他感動，設宴置酒款待。酈食其本是高陽酒徒，酒量大得驚人，三杯下肚，要求更換大杯暢飲。縣令不知是計，被他灌得大醉，眾人扶入內室昏睡。

酈食其乘機潛出縣衙，假傳縣令之命，打開城門，迎接劉邦大軍入城。

不費吹灰之力，劉邦輕取陳留，繳獲了大批糧草。陳留縣令酒醉未醒，被亂軍殺死。

其後，劉邦出榜安民，嚴肅軍紀，不准擾民。城中百姓很快臣服，各自安居樂業。

劉邦十分佩服酈食其的神機妙算，為了獎勵他輕取陳留之功，封為廣野君，留在身邊作為謀士。

酈食其的弟弟名叫酈商，有勇有謀，早就暗中組織人員反秦。酈食其推薦給劉邦，劉邦命他招納舊部和陳留子弟，得數千人，封為裨將，隨軍西征。

秦二世三年三月，劉邦軍隊經過休整之後，兵圍開封。開封未下，秦將楊熊領兵增援。劉邦於是率兵北擊楊熊。兩軍在白馬（河南省滑縣東）開戰，劉邦兵馬突然襲擊，擊潰秦兵。

楊熊帶著敗兵向滎陽（河南滎陽東北）逃去，到了曲遇（河南中牟縣東）東，收住敗軍，擺開陣勢，準備一決死戰。劉邦令樊噲為左軍，夏侯嬰為右軍，自統中軍正面迎敵，又令周勃、灌嬰率軍背後包抄。

秦軍與劉邦軍正面酣戰，打得難解難分之時，周勃、灌嬰突然從後面殺來，兩面夾擊之下，隊伍登時混亂。劉邦趁機催動人馬發動猛烈攻擊，把秦軍分割成數塊，圍而殲之。秦軍大敗，楊熊只得帶領一股殘兵遠走，繼續向滎陽逃去。

這是劉邦西進關中最激烈的一戰，大獲全勝，士氣大振，也因此加強了他消滅秦國、當關中王的決心。

大軍進駐曲遇，犒賞三軍將士。事隔幾日，探子傳來消息，楊熊因兵敗被殺。此時，附近已無強敵，劉邦遂進兵潁川（治所在河南省禹縣）。

秦二世三年四月，劉邦大兵圍攻潁川郡府陽翟（河南省禹縣）。陽翟城高池深，兵多糧足。劉邦連攻多日，仍不見效，苦無良策。

此時，張良突然到來，劉邦喜不自勝，兩人互道離別之後的情況。

張良說：「自從與沛公分別之後，協助韓王成兵略韓地，雖然取得幾城，但又被秦軍奪回。因此，只好在潁川來來往往進行游擊戰，消滅秦軍力量。聽說沛公到此，特來相見。」

劉邦說：「先生來得正好，先替我攻下陽翟，我再幫助韓王搶佔地盤。」

張良巧獻一計，劉邦依計而行，火攻城門，破城而入，殺散守兵，順利佔領了陽翟。接下來，兩人開始商議攻打滎陽，聽說趙將司馬卬欲渡河入關。劉邦害怕落後，急忙領兵北上，攻打陽豐（河南孟津縣東），切斷司馬卬西進通路，率師向南攻打雒陽（河南洛陽市東北）。然而雒陽城高池深，一時難以攻破，他立即揮師前進，進入轘轅山區（河南偃師縣東北）。

轘轅山，顧名思義，山路崎嶇，通道盤旋。山上有一座轘轅關，地勢十分險要。《史記索隱》曾說，此山有九十二彎，是天下險要之處。也正因為道路艱險，秦國沒有派兵把守，劉邦的部隊得以順利通過。

過了轘轅山，進入原韓國故地，劉邦一路奪關斬將，很快打到了陽城（河南省登封

縣東南告城鎮），繳獲戰馬千匹，佔領十餘座城池，基本上掃平了韓地。劉邦留韓王成鎮守，向韓王成借了張良，繼續西進。

秦二世三年六月，劉邦帶兵攻打南陽郡，準備從武關進入秦地。南陽郡守率兵追擊，被劉邦先鋒樊噲擊敗，退回宛城（河南省南陽市）。

宛城是南陽郡首府，城池堅固，又駐有重兵，劉邦急於入關中，立即從城西繞道而過，直撲武關（陝西省商南縣西北）。

離開宛城幾十公里，來到丹水（河南省淅川縣西）時，日墜山頭，暮色將起，暑熱開始散去，徐徐涼風拂面而來，讓人精神為之一振。

張良突然快馬加鞭，一下子跑到劉邦馬前，攔住去路，並問：「沛公請等一下！我有一事不明，特來詢問明白。」

「先生有話直說，不必客氣。」

「前日沛公兵精糧足，為什麼還要到韓王那裡借我？」

劉邦笑著說：「先生深謀遠慮，我希望能夠經常聽到你的教誨，這有什麼好不明白的？」

張良也笑著說：「這一整天都在行軍，我想了很久，覺得有一事應該提醒您。」

「先生請講。」

「沛公雖然急於入關，但是秦兵還很強大，他們會憑藉險阻拚命抵抗的。如今宛城

未下，前面又有強敵，若是秦兵前後夾攻，如何是好？」

劉邦忙問怎麼處置，張良附耳低聲交代了一番。

劉邦聽完，二話不說，急忙下令騎兵在前，步兵在後，星夜兼程，務必在天明之前，把宛城圍個水洩不通。

五更時分，大軍已把宛城圍住。劉邦下令各軍掛出全部赤幟，擺出各種武器，簡直把城圍成鐵桶一般。

南陽郡守聽得探子回報，劉邦大軍已經西進，才剛放下懸著多日的心，回府安心睡了一夜。此時竟聽到城外鼓角齊鳴，登城一見此等情況，嚇得三魂一下子少了二魄。幸虧左右及時扶住，才沒被嚇倒在地。

這就是張良的突襲宛城、威迫降敵之計。

劉邦放棄宛城不攻，急於進入關中之時，其實張良就已定下了妙計，但不急著說出來。等到迷惑了敵人之後，才及時勸阻劉邦西進，飛兵圍住宛城，漂亮地打了秦兵一個措手不及。

南陽郡守看到如此緊急情況，大叫道：「兵臨城下，早晚是死，遲死不如早死！」

說完，拔劍就要自殺。

食客陳恢一把抱住他，高聲說道：「主人不要性急，離死還早著呢！」

郡守垂頭喪氣道：「先生有何妙計，可以救我不死？」

陳恢說：「我聽說，劉邦當年曾經義釋押送的驪山刑徒，按理是個寬厚仁慈的人。如今天下大亂，鹿死誰手尚未可知。大人何不歸順他，既可保住性命，保全祿位，還可讓全城軍民免遭殺戮。大人如果願意，小人願去遊說，包管萬無一失。」

郡守無計可施，只好叫陳恢去試一試。

陳恢縋城而下，聲稱要見沛公。

見面後，陳恢說：「我曾聽人說，楚懷王與諸將相約：『先入咸陽者王之』。如今沛公圍攻宛城，恐怕一時難以攻下。宛城是一個大地方，有數十個城池可以互相支持，人口多，積蓄廣，官吏們都認為投降是死，戰死也是死，堅決據城拒敵。如果沛公拚力強攻，殺人三千，自損八百，士卒死傷者必眾。而若不攻下宛城，貿然引兵西進，宛兵必追無疑，不免背受敵。攻下宛城，入關就會落在他人的後面；若不攻下宛城，又要兩面受敵、真是為難局面。下人已經給你想好了一條妙計：詔令投降，封郡守為官，讓他鎮守宛城，您則帶兵快速西進。那些未下之城，難道還不聞風而降？沛公通行無阻，還怕不先入咸陽？」

張良急忙以眼神示意應允，劉邦自然沒有不同意之理，馬上採納意見，派陳恢回去告知郡守。

秦二世三年七月，南陽郡守打開宛城大門，迎接大軍入城。劉邦封郡守為殷侯，鎮守宛城，封陳恢為千戶侯，輔佐郡守政事。其他人一律保留原職。

陳恢出城遊說劉邦，不說郡守嚇得要死，準備自殺，反而告知劉邦，如果強攻，必

然殺人三千，自損八百，並且還耽誤入關大事。相較之下，允許宛人歸順，不僅可以一

路暢通無阻，早日入關，獲取「王關中」的政治優先權，而且還不會損兵折將。真替劉

邦想得周全。

張良一計，讓劉邦順利抵達武關，進入咸陽，足見一人之謀，勝過千軍萬馬。當

然，劉邦之所以能夠「不戰而屈人之兵」，在於已有足夠的實力作後盾。

休整幾日之後，劉邦帶領大兵出宛城，經丹水，過胡陽（河南省唐縣南），過酈

（河南省內鄉縣東北）、析（河南內鄉縣西北），沿線城鎮聞風而降。

嘗到了文攻滋味，劉邦嚴令將士不得騷擾百姓，所到之處，秦民安居樂業，人人歡

喜相迎，大軍直向武關撲去。

從關東進入關中，有兩條要道，一是函谷關，一是武關。關東之得名，就是因為中

原地區在函谷關以東，而關中地區，因東有函谷關，北有潼關，西有散關、蕭關，南有

武關。劉邦不走函谷關，乃是考量秦軍防守嚴密之故。

眼看就要拿到當關中王的通行證，劉邦立即組織隊伍，準備強攻。張良以為不妥，

急忙勸說：「秦兵尚強，不可輕敵。我已探聽清楚，武關守將是屠戶之子，商人重利，

宜用重賄遊說。沛公不如先留在軍營之中，派人到關下去遍插旌旗，作為疑兵。再叫陸

賈、酈食其等人前去遊說，許以重利。」

劉邦依計而行，派陸賈、酈食其到武關，拜見守將韓榮、朱蒯等將領。

酈食其開口說：「秦國無道，暴虐天下。諸侯合兵討伐暴秦，並非只有沛公一人。

如果將軍憐惜天下生靈之苦，開關迎接，沛公保奏楚懷王，必然重賞千金，官爵萬戶

侯。將軍莫大之功，百姓永遠不會忘記。」

韓榮回答說：「我們久食秦國俸祿，不忍一日背棄。先生且請退下，讓我們三思而

行。」

兩人告辭韓榮等人而回，詳細報告出使情況。張良、劉邦又有一番計較，又派陸

賈、酈食其明日再去。

韓榮、朱蒯等人在陸賈、酈食其二人走後，倒是真的商議了一番。有的主張開關投

降，有的主張守關拒敵，討論許久都沒有定論。

次日，酈食其、陸賈又到。

這次陸賈率先開口：「韓將軍考慮得怎麼樣了？」

韓榮說：「眾議不一，難以決斷。」

酈食其說：「將軍等人雖然不願歸順，但沛公深感厚意，特送上千金爲謝。沛公暫

且退兵，等到諸侯大兵到來，再做處斷。」

韓榮說：「我跟沛公分屬敵對之國，哪能接受千金重禮？」

陸賈說：「將軍不接受，表明將軍與沛公絕情。將來天下諸侯率兵前來，合力攻打，此關難免要破，到那時如何交涉？與其今日絕交，不如暫且收受此禮，給自己留下一條退路，望將軍三思。」

韓榮只好說：「禮品暫且收下，希望沛公與天下諸侯能夠罷兵，以免生靈塗炭。這是先生的莫大恩德。」

酈食其說：「我等會轉達將軍好意。沛公歷來寬厚仁慈，絕不會辜負您。」

兩人告辭韓榮等人，回見劉邦，詳細報告第二次出使情況。

張良說：「乘此機會，正好用計。我方陸續差人從後山小路潛過關去，躲藏在叢木草樹裡面，如此三日，人數可達幾百。速命原來所佈旌旗於黃昏時分排隊而回，顯示出退兵的樣子，同時派勇兵強將夜間靠近城牆埋伏。準備完畢後，令樊噲率兵發起猛攻。韓榮首尾不能相救，必然棄關逃走，我軍可以順利通過武關。」

劉邦深信張良計謀，挑選精兵強將，依計而行。

不知不覺，三日過去。

收了禮品，又見劉邦大軍後撤，韓榮終日飲酒，全無防守準備。突然聽到關前號炮轟響，金鼓齊鳴，急忙帶著衛隊登城查看。只見滿山遍野燃起熊熊大火，不知何時，關前關後全是劉邦大軍。

韓榮嚇白了臉，無計可施。

樊噲等人率領精兵，很快攻上關口，殺得秦兵無處藏身。韓榮只得帶著殘兵敗將，從關後拚命奪路回逃。關後本來沒有多少人馬，韓榮等人未遇多大阻擊，突破火圍，直奔藍田而去。

劉邦順利地通過武關，馬不停蹄地向秦國首都咸陽急進。好好的一個大秦王朝，眼看就要成為歷史了……

第 **11** 章

順民者昌，逆民者亡

項羽滅秦國，狂焱風捲殘雲，以武力壓服天下，後人咒他
「逆楚」。劉邦吞八荒，螞蟻啃骨頭，讓人民休養生息，後
人讚他「仁義」。可謂順民者昌，逆民者亡。

項羽就像一匹猛獅，橫衝直撞，很少顧慮後果，坑殺降卒二十萬，因此落下了殘忍的罵名。同樣是征戰沙場，劉邦卻如狐狸般狡猾，屁顛屁顛地跟在項羽的後面收拾殘局，耍點手段，給百姓一些小恩小惠，成功博得仁厚長者的美譽。

項羽殺了宋義，奪了軍權，實際上成了起義軍的首領。他立即派英布和蒲將軍率兵二萬渡過漳河，自己隨後又破釜沉舟，與章邯交戰。

項羽能夠臣服諸侯，不是靠牛皮吹出來的，不是靠運氣撿來的，更不是靠祖宗庇蔭，而是靠他的武勇，靠他的力量。

正當劉邦攻入咸陽之際，項羽收降章邯，率領大軍準備西進入關，攻滅殺死他祖父項燕和叔父項梁、消滅祖國楚國的秦國。

大軍迅速推進，不久來到新安（河南省澠池縣東）城南。在這裡，他做了一樁五十多年前白起曾幹過的殘暴事件。那時，秦將白起坑殺趙國降卒四十餘萬，這次卻是楚將項羽坑殺秦國降卒二十餘萬。

項羽坑殺秦降卒的原因，與白起坑殺趙降卒的起因相差無幾。

項羽所帶領的起義大軍，很多都服過勞役，曾經受到秦卒的虐待。而今跟著章邯等人投降的二十萬秦軍，雖然不是階下囚，是卻成了項羽大軍的出氣筒。因此，秦降卒與楚兵的關係很緊張。

項羽巡視兵營，聽到秦卒竊竊私議：「我們被章邯等人誘哄，錯降項羽。如果能夠破關入秦，尚可回家；如果不能，肯定要被項羽擄掠到東方，現在尚且受此惡遇，不知那時將受到何等虐待！另一方面，秦國必然殺盡我們父母妻子……」

聽到這些議論，他心中大怒，回到中軍帳，立召英布等大將說：「秦軍降卒二十萬都想謀反！我剛才在軍中巡哨，聽到他們正在那裡私下謀劃。如不搶先下手，恐怕嘩變，為害不淺。你等率三十萬楚軍，趁他們措手不及時，全部斬首，只留章邯、司馬欣、董翳三人。」

范增苦勸，項羽不肯回心轉意。英布於是率三十萬楚兵，夜半突入秦兵營地，將二十萬降卒殺得乾乾淨淨，汩汩的血漿塞阻溝渠，獨留章邯、司馬欣和董翳。

三人叩頭請免。項羽說：「我不會殺害各位將軍，是秦軍降卒企圖謀反，才殺了他們。」

章將軍仍是雍王，司馬將軍仍是上將軍，董翳將軍仍是都尉，諸位不要多疑。」

三位秦國降將的官位，是項羽讓楚懷王加封的。

白起、項羽殺戮降卒的暴行，受到後人不斷譴責，但也有人卻對這件史事的真實性表示懷疑。例如，《劍橋秦漢史》就說：「以當時掌握的技術手段來說，真要把一支二十萬人的軍隊斬盡殺絕，實際上是不可能的……」確實，要在一夜之間殘殺這麼多人，怎麼想都不太可能。

與項羽恰恰相反，劉邦進入關中之後，不但沒有燒殺搶掠，而且「約法三章」，向

民眾拉選票。安民告示一出，「秦人大喜」，「唯恐沛公不為秦王」。成功為自己拉來不少政治選票，他從此具備了「人和」的條件，為以後的發展打下了基礎。

秦始皇兼併六國，狂焱風捲殘雲，秋風掃落葉，用戰爭的手段治理天下，以武力壓服天下，後人咒他「逆楚」。後人罵他「暴政」。項羽滅秦國，讓人民休養生息，後人讚他「仁義」。劉邦吞八荒，螞蟻啃骨頭，讓人民休養生息，後人讚他「仁義」。

這正是順民者昌，逆民者亡。

劉邦進入武關，直抵嶢關（又名藍田關，陝西省藍田縣東南）。嶢關位於咸陽東南，是進入咸陽的最後關口，如果此關失守，咸陽將不攻自破。劉邦旗下大軍，勢必得在這裡與秦軍一戰！

《史記·高祖本紀》記載：「劉邦因襲攻武關，破之。又與秦軍戰於藍田南，益張疑兵旗幟，諸所過毋得掠虜。秦人喜，秦軍懈，因大破之。又戰其北，大破之。乘勝，遂破之。」

司馬遷運用寥寥數筆，寫下了秦王朝覆滅前的掙扎，讓人意猶未盡。如果仔細撰寫，當可成一段精采故事：

劉邦隔河遙望，看見巍巍然的秦王朝都城咸陽。

一個曾經強大的王朝，已經到了油盡燈枯的時候。

不久前，趙高誣陷並殺害李斯，演了一場「指鹿為馬」的醜劇，跟著又殺死了昏庸

殘暴、年僅二十的秦二世胡亥。

趙高想自立為王，派人聯絡快要進入武關的劉邦，「欲約分王關中」。劉邦唯恐趙高行詐，繼續向咸陽挺進。又一轉眼，趙高這個大陰謀家已被子嬰設計殺死。子嬰即位，去帝號，當秦王。

劉邦大軍擊破嶢關後進兵灞上（陝西省西安市東），與張良、蕭何等人商議，決定先禮後兵，給秦王子嬰送去一封勸降書。子嬰看到劉邦兵臨城下，朝中官員紛紛逃亡，自知已到山窮水盡，回天無力，只得答應投降。

只當了四十六天秦王的子嬰，坐在用白馬拉著的一輛白色喪車上，用繩索套住自己的脖頸，代表曾經統一中國的嬴氏家族向天下服罪，向人民懺悔。這是一幅多麼悲慘的景象！好端端的一個大秦王朝，幾年就滅亡在趙高、胡亥等人手裡！

軹道（陝西西安市東北）只是一個極為平凡的地點，因旁邊有一個小亭子而得名，如今卻成為大秦帝國的終點，成了歷史的見證。

喪車載著子嬰緩緩地朝著軹道行來，行向歷史的終點。

子嬰投降，成了劉邦的俘虜。劉邦說：「懷王命我入秦，就是因為我寬容大度，不濫殺無辜。況且子嬰已降，殺他有失仁義！」

歷史在這裡飛快地翻了一頁，劉邦的大軍開進了咸陽城。將士打開府庫，分金取

銀；蕭何帶人進入丞相府中，把秦朝的相關檔案資料運到軍營裡。

劉邦和那些搶錢拿物的將士們，自然不會有人稱道，唯有蕭何搶書，倒是得到後人好評。就是憑藉這些搶來的資料，他迅速掌握了秦朝的法律制度、關口要塞、全國戶口、各地經濟等情況，為後來劉邦戰勝項羽、建立漢朝，發揮重要作用。因此，李贄在《史綱評要》中稱他是宰相之才。

眼看咸陽城裡燒殺淫掠，已經鬧得不成樣子了，張良覺得不大安當，便勸劉邦還軍灞上。劉邦同意，的當即退兵。

劉邦的勝利，的確得益於他能判斷並採納諫言。

直到走出了秦宮，回軍灞上，劉邦才清醒過來——自己雖然拿到了「王關中」的執照，但離掛牌開業還遠著呢！後來的事實證明，這張執照缺乏應有的實力支持。

既然準備「開業」，就得有所表示。於是，劉邦在回到灞上之後，發表了一篇談話：「父老苦秦苛法久矣，誹謗者族（滅族），偶語者棄市（殺頭）。吾與諸侯約，先入關中者王之，吾當王關中。與父老約法三章耳：殺人者死，傷人及盜抵罪。余悉（全）除去秦法。諸吏人皆案堵（安居）如故。凡吾所以來，為父老除害，非有所暴，無恐！且吾所以還軍灞上，待諸侯至而定約束耳。」

這，就是中國歷史上著名的約法三章，這是劉邦的政治宣言書，也是籠絡秦民的最佳利器。

葛劍雄在《泱泱漢風》中說：「殺人者死，傷人及盜抵罪。這三條法令實際上是無法執行的。因為一方面，傷人與盜竊程度相差很大，如何各自依照犯罪的輕重來判刑？另一方面，社會上的犯罪行為很多，遠不只上述三種，百姓犯其他罪怎麼辦？現在能看到的秦律還很多，難道當時都廢了？」

劉邦注重維護的是老百姓的切身利益，但是所謂的「約法三章」，真要執行起來並不容易。換個角度看，從本質上說，「約法三章」只是一個政治口號，如果過度追究，把它當真，難免拘泥。何況，古人也常常以「三」這個虛數表示「多」的意思，這裡也不見得就表示一個實數。

我們知道，競選總統要拉選票，企業發展要充分激勵員工，革命要跟勞苦大眾搞好關係，就連對抗和治療「H1N1」，都得全民動員。何況劉邦要當「關中王」？這是劉邦的匠心獨具，還是他謀臣們的功勞，正史無法考證。無論如何，這都是在劉邦的旗幟下所採取的成功舉動。憑著這一篇政治宣言書，他給父老、豪傑吞下定心九，拉攏了秦朝的勞苦大眾。

和平「解放」咸陽之後，劉邦並不輕鬆，「關中王」不是那麼容易當的，他還面臨著許多難題，集中起來有以下幾方面：

第一，秦王子嬰殺不殺？秦朝的官吏如何處置？

假設子嬰負嵎頑抗，處死他名正言順。而若投降的不是子嬰，而是秦二世胡亥，處死他順理成章。可是這位主動投降的子嬰，偏偏在秦人心目中印象還不錯，不久前又設計殺死了人見人恨的趙高。但是，不處死他，諸將不服氣啊！

劉邦的決定，是不殺。

其實，殺不殺子嬰，對劉邦來說真的無所謂，但要是殺了，秦朝那一大批官吏怎麼管束？秦國的那些百姓誰去號令？留下子嬰，就有一個抓頭，此人殺不得。

第二，秦國的財產怎麼處理？

辛苦打拚一番，劉邦也想住到秦宮裡去享受享受，所以他不但讓大家盡情搶劫，自己也賴著不想出來。

雖然最後，他聽從張良等人的勸說，駐軍灞上，把秦國的宮室、財寶交給子嬰這幫人去管理，可事實上，能夠拿得動的東西，早已被他拿走了。將來若有人追究，完全可以一問三不知，一推六二五，算盤倒是打得很精！

第三，怎樣對待秦國的嚴法苛刑？

秦國法網密佈，是套在百姓頭上的沉重枷鎖。劉邦出身於農民家庭，深知下層百姓所受的災難。繼續執行秦法，無疑是跟自己過不去，可要全部廢除，又怕百姓無法無天，不好駕馭。於是他來個「約法三章」，內容簡明扼要，像歌謠一樣好記。「約法三章」然只是臨時的規矩，但影響不可低估。

無論是要不要殺子嬰的問題，還是解決秦國財產、法令的問題，他的對策始終圍繞著一個核心，就是人心的向背。能夠籠絡人心的，能夠有利於他當關中王的，就盡力去做，並克制自己的慾望。

因此，進軍途中，他經常表現出不騷民、不擾民的風範。主動與父老「約法三章」，採取一系列的措施，更收到很好的政治效果。

《史記·高祖本紀》載：「（劉邦）乃使人與秦吏行縣鄉邑，告諭之。秦人大喜，爭持牛羊酒食獻饗軍士。沛公又讓不受，曰：『倉粟多，非乏，不欲費人。』人又益喜，唯恐沛公不為秦王。」

「使人與秦吏行縣鄉邑，告諭之」，相當於派遣工作隊、宣傳隊到各縣各鄉，宣傳劉邦的施政方針，務必做到「家喻戶曉，人人皆知」。

宣傳隊、工作隊的組成人員，有劉邦的人，也有原來秦國的官吏，可見劉邦深知，只要秦王子嬰在，秦國的官僚機構和人員都會聽命於他。這就是「用好一個人，就能管住一群人」的道理。

劉邦的一系列舉動，無異於皇帝登基大典時的大赦天下。

通過大規模的「工作」和「宣傳」，「秦人大喜」，紛紛前來慰問軍隊。大概秦國百姓也拿不出什麼好東西，不過「牛羊酒食」而已，對於想奪得一個國家的劉邦來說，算不了什麼，何況安民告示沒出來前，早已搶掠過一通，因此打著不敢打擾的幌子，謝絕

了父老們的盛情。

百姓是最講實惠的，因此更加高興，唯恐他不當秦王。

劉邦拉攏人心的一系列手段，也取得了很好的效果。其中，「約法三章」無疑是施政、治軍的最初綱領，概括起來有五點：

一、入關目的是為了推翻秦皇暴政，拯救天下百姓，不會騷擾人民。

二、楚懷王與諸將約定「先入關中者王秦」，因此劉邦應該為關中之王。

三、秦朝官吏要正常履行職責，共同維護社會秩序，保證百姓安定。

四、廢除秦國一切法律、法令。

五、新法令就是言簡意賅的「約法三章」，大家都要遵照執行。

所有的核心，全在於安定民心、收攏民意，頒布後確實起到了廢除苛法、安定人心的作用，得到秦地百姓和豪傑的擁護。楚、漢相爭還未真正開始，就先為劉邦注入了漢勝楚敗的關鍵因素。

儘管後面的路還很長，劉邦已經得到了兩張無可匹敵的政治選票：一個是「先入關者王秦」的政治優先權；一個便是「約法三章」帶來的民眾效應。

第 12 章

鴻門宴來也

鴻門宴之所以成為千古名宴，並不是吃龍肝鳳膽，喝玉液瓊漿，而是在這場便宴上，政治風雲驟起，劍拔弩張，明爭暗鬥，怵目驚心，對劉、項相爭產生了重要影響。

留得青山在，不怕沒燒柴。有道是，好漢不吃眼前虧，大丈夫能伸能屈，屋簷底下不得不低頭。硬的不行，軟的行！

陳勝因為急於稱王，力量逐漸消耗；項梁在取得勝利之後得意忘形，高估了自己的力量，結果樂極生悲，遭到潰敗；李斯不知功成身退，反想更上一層樓，最後陷入趙高的陰謀……

在在說明，處在優勢時，更要保存實力，把目前的事情做好。最忌得意忘形，去做那些時機尚不成熟的事。

在這方面，劉邦無疑比其他人高明得多。

楚漢相爭的開篇，是一場宴會。項羽手下的項伯、劉邦手下的曹無傷，都不為自己的主子。真是敵中有我，我中有敵啊！

楚漢相爭，項羽對劉邦，范增對張良，四十萬對十萬，強對弱，硬對軟。一開始的局勢對劉邦極為不利，他是怎樣撈分的呢？

劉邦採納酈食其、張良、樊噲等人的計策，很快攻入咸陽，宣佈秦王朝的滅亡。劉邦和他的文武臣僚們為了更進一步逐鹿天下，封閉秦王朝宮室府庫，還軍灞上，約法三章，收買民心。

項羽坑殺二十萬降卒同時，劉邦聽人勸說，派兵把守關隘。《史記》等書只記載說

是「小人」叫他這樣幹的，野史則說這人是樊噲。

樊噲也想弄個將軍、元帥當當，便勸諫劉邦說：「秦國之富裕是天下十倍，地勢險要，足以為王。如今項羽收降章邯，封為雍王後，又率兵西進，顯然想違背懷王約定，佔領關中。不早點想辦法，大軍就要來了！」

劉邦急了，「項羽如果率兵前來，我就不能當關中王了！怎麼辦呢？」

樊噲說：「立即派兵把守函谷關，不准諸侯大軍入關，再徵集關中之兵固守，這樣大概就行了。」

劉邦聽從，派兵據守函谷關，不准諸侯大軍出入。

項羽大軍來到函谷關下，見城門緊閉，不讓人出入，又聽說劉邦已經平定關中，心中一時火起，下令英布率兵攻關。

英布驍勇，兵強馬壯，不到一日，函谷關即被攻下。項羽帶領大軍進入關中，時間是公元前二○六年十二月，駐軍在「戲」這個地方。

這時，劉邦部下左司馬曹無傷暗遣使者密告項羽：「沛公準備為關中之王，封秦王子嬰為相，獨吞了秦國所有金銀珠寶，並且派兵守關，不准諸侯大軍入內。」

左司馬曹無傷的密報，猶如在汽油中扔下一顆火星，項羽勃然大怒。

曹無傷這一官位雖然不高，但是主管軍事機密，所以知道劉邦的具體部署。

謀士范增也在一旁煽風點火說：「劉邦在山東老家時，貪財好色，鄉間之人都很討

厭他。如今進入關中，不取財物，不納美女，還與秦地百姓約法三章，志向顯然在於奪取天下。我夜觀天象，劉邦之氣，皆成龍虎，五彩繽紛，這是天子之氣。將軍必須盡快出兵攻打，否則後果嚴重。」

項羽當即下令：「明日犒賞三軍，攻打劉邦，為我出這口鳥氣！」

各路將領接到命令，自去準備。

項羽軍中有一個人物，叫做項伯，是項羽叔輩，與張良有深交，曾經殺人，因為得到張良的幫助，才逃得性命。項伯一聽命令，心中想起張良，反覆思考對策。張良現在劉邦軍中，兩軍交戰，必然玉石俱焚。如果差人密報，唯恐於事無補。如何是好？

思來想去，項伯決定親自走一遭。

當時項羽共有兵卒四十萬，號稱一百萬，駐紮在新豐鴻門。劉邦兵卒只有十萬，號稱二十萬，駐紮在灞上。兩地相距大路四十里，小路只有二十里。

夜幕降臨，項伯獨自騎上快馬，藉故走出軍營，連抽兩鞭，四蹄騰空，向灞上飛奔而去。二十里路，快馬奔走，無須半個時辰便到，卻被劉邦副將夏侯嬰攔住去路。

夏侯嬰問：「你夜半三更騎馬過來，身邊又沒有僕人，來做什麼？」

項伯說：「我是張子房好友，有急事相見。」

夏侯嬰於是帶項伯去見張良。首先差把門小校傳報守門官，守門官傳報中軍左哨，而後夜巡擊柝三聲，中軍左哨小角門半開，一名健將高聲喝問：「有什麼軍情？」

項伯看到旗幟排列，營壘整潔，隊伍井然有序，心中尋思：劉邦的確非同小可！范增曾說他將來必然大富大貴，看軍營佈置，此言不虛。

夏侯嬰忙上前回答：「我尋哨遇到一男子，不知姓名，自稱子房舊友，匹馬隻身，未帶兵器，不敢擅入，專候台旨。」

那位健將又進去報告。

張良正與劉邦在內屋議事，忽聽報告：「子房先生故友在外，急欲求見！」急出一看，見是項伯，急忙邀入中軍外屋，命士卒獻茶。

項伯令張良摒退士卒，立即告知項羽明日準備攻打劉邦之事，拉著他就要起身，說：「不跟我走，恐怕玉石俱焚！」

張良留住項伯說：「沛公從韓王那裡借我隨軍作為謀士，而今遇到如此緊急之事，一走了之，太無情義！我應該先去告訴沛公。」

張良急入內室，劉邦聞訊大驚失色，忙問：「這該怎麼對付呢？」

張良問：「誰給沛公出此下計？」

劉邦不肯說出樊噲，隨口道：「有小人對我說：『派兵守關，不納諸侯，秦國故地可以稱王而治。』我就聽了。」

張良說：「沛公細想，你的兵馬能夠抵擋項王的兵馬嗎？」

劉邦默然，「當然不能。這事到底應該怎麼辦呢？」

張良說：「和我一起去見項伯吧！請他轉呈項王，說你不敢背叛。」

劉邦不解，「先生怎麼與項伯有如此深厚的交情？」

「往昔在漸江的時候，項伯殺人，我想方設法救了他。今天遇到此等急事，他特地前來告訴我。」

「他與你，哪一個年長？」

「項伯比我年長。」

張良出見項伯，說：「請兄見沛公一面，沛公有事相告。」

項伯說：「我這次來此，是爲了子房您，何必見沛公？」

張良又囑如此如此，劉邦心領神會。

「先生替我請他進來，我以兄長之禮接待他。」

張良說：「沛公是一位忠厚長者，不可不見一面。」再三懇請。

項伯只好和張良入見劉邦。劉邦整衣迎接，奉爲上賓，並置酒款待，彼此猜疑之意漸消。經過一番感情醞釀，劉邦才說：「我自從入關以來，秋毫不敢有所犯，登記百姓戶籍，封庫鎖倉，日夜盼望項將軍到來。我之所以派遣領據守關隘，是爲了防備秦國餘黨和其他盜賊，專候將軍入關，哪裡說得上反呢？希望您把我的這些苦衷告訴項將軍，說我劉邦不敢忘記他的大恩大德。」

項伯答應說：「明日早上來鴻門拜見項將軍，冰釋前嫌。沛公所言，我必定轉告，

料想項將軍不會見罪。」

夏侯嬰派軍卒送項伯回新豐鴻門。項伯回到軍中，立即去見項羽。

項羽問：「叔父深夜到來，有何大事？」

項伯說：「我有故友張良，本是韓國公子。當年我殺人之後，全仗他得以活命。如今劉邦從韓王那裡借他為隨軍謀士，恐怕兩家交兵，此人難保活命，所以剛去跟他說，叫他迴避，順便瞭解劉邦入關之情。張良跟我說，劉邦先入關中，並無毫釐他意，遣將守關，只是為了防備秦國餘黨，不是為了拒楚。所有寶物、美女、糧食，都封鎖不敢擅動，秦王子嬰也不敢擅自處置，專等你到來。我想，如果不是劉邦率先入關，我們又怎麼能兵不血刃，輕易入關呢？這是劉邦的大功。如今他有大功，我們卻聽信小人之言，反要加害，恐怕於理不順。他明日要親來軍中謝罪，項將軍可以從容相待，這樣才不失天下大義。」

項羽說：「依照叔父之言，劉邦好像沒有大罪。如果興師動眾，恐被諸侯恥笑。」

范增跳出來反對，「我勸將軍消滅劉邦，是因為劉邦入關以來，約法三章，企圖收買民心，志向是要奪取天下。如果不趁早翦除，恐生後患。老將軍被張良說詞欺瞞，不可全信。望將軍三思。」

項伯回答說：「先生要殺劉邦，還怕沒有妙計？何必採取軍事行動，遭天下諸侯咒罵？」

項羽點頭，「叔父之言有理，先生再當定計。」

范增說：「我有三計，可殺劉邦，望將軍取捨。」

項羽問其詳。

范增說：「第一計：派人請劉邦到鴻門赴宴，未入席時，將軍就責問他入關之罪，他不能回答，立即斬首，這是上計。第二計：若將軍不便自己動手，可以埋伏二百名刀斧手，劉邦入席以後，我舉所佩玉玦為號，項王喚出伏兵殺之，這是中計。如果二計不成，可派一人斟酒，把劉邦灌醉。此人是個酒徒，酒後必然失禮，趁機殺之，此為下計。依此三計，劉邦必死無疑。」

項羽道：「三條計策都用，我看劉邦怎麼逃過殺身之禍！」語罷傳令大小將校做好充分準備，專候劉邦自投羅網。

再說項伯走後，劉邦急傳張良、酈食其、陸賈、蕭何等人計議。

他說：「明天去項羽軍中之事，的確生死所繫。不去，項羽派兵攻打，勢難抵敵；去了，又怕掉進陷阱，恐怕難保性命。各位認為該怎麼辦呢？」

蕭何說：「項羽兵多將廣，難以抗衡。不如修書一封，派一個能言善辯之人，將關中所有送給他，另求一郡，再修整兵戎，等候時機。」

酈食其說：「我願下書，遊說項羽。」

陸賈表示願隨酈食其同行。

張良卻說：「諸公之言，恐非上策。昔日伍子胥保護平王赴臨潼，會見十八路諸侯，受到天下人尊敬。藺相如使秦，最後完璧歸趙，天下人稱讚不已。目前我們的勢力雖然不及項羽，但是也不至於害怕到如此地步，這樣做，在諸侯面前就失了威信。我雖然不才，願隨沛公去赴明日之會，包管教范增無法用其謀、項羽無法施其勇，無事而回。他日若為天下之王，也可名正言順。」

劉邦喜道：「全仗先生神機妙算！不入虎穴，焉得虎子？看來也只好親自到虎穴裡走一遭了。」

第二天早晨，劉邦帶著張良、樊噲、夏侯嬰等人和百餘輕騎，一路惶恐不安地去鴻門。途中，劉邦又把張良叫到面前，說道：「我對今天此行十分憂慮，唯恐不測。先生何以處之？」

張良信心滿滿地說：「沛公放心，我自有辦法。儘管記住昨日應答之語，照此回答，自然平安無事。」

距離鴻門尚有五里之遙，一支軍馬迎面而來，但見干戈燦爛，甲士趄趄。為首將領英布大呼：「我奉魯公之命，前來迎接沛公！」

雙方下下馬施禮，繼續前進。來到軍營大門，陳平出門迎接，立在道旁。

劉邦正準備進去，卻見軍中甲士林立，金鼓大作，不由心生懼意，對張良說：「魯公營內戒備森嚴，全無平日氣氛，不可入內。」

張良胸有成竹地說：「既然到此，進則有理，退則無路。退後一步，必然中計。沛公不妨暫時待在這裡，讓我先進去看看。」

說完，張良緩步徐行。丁公、雍齒兩將把守軍門，不放他入內。張良道：「請報告魯公，有沛公借士張良求見。」

丁公進入軍中見項羽說：「門外有沛公借士張良求見。」

項羽不解，「什麼叫借士？」

范增說：「張良是韓國人，五代為韓國臣下，見多識廣，如今跟著沛公為謀士。這人此來必是遊說，魯公可先殺此人，這樣就如去了沛公一臂。」

項伯聽說此言，急忙說：「不能如此！魯公剛入關內，正要收買人心，人才雲集，才能成為霸主，怎麼能無故殺害賢人？張良與我關係甚厚，如果魯公喜愛，我可以勸說。」

項羽吩咐丁公請張良入內。張良來到帳中，只見項羽全身披掛，手握劍把，似乎隨時都會一躍而起，模樣相當嚇人。

他不慌不忙地說：「我曾經聽說，古代明君治理天下，耀德不揚兵；善於治理天下的聖人，重德不用兵。如今魯公在鴻門接見諸侯將領，一件義舉。我原來以為，這裡一

定歌竹管弦，笑語歡聲，猜拳行令，盡醉而歸。想不到我來到這裡，甲兵林立，刀劍森森，金鼓震天，殺氣騰騰。這種情境，令人不寒而慄，人各思歸。魯公在鉅鹿破釜沉舟，九戰章邯，勇冠三軍，天下聞名，誰不知道？誰不害怕？哪裡用得著這樣大張聲勢來顯示您的威嚴？各路諸侯都在外面，看到魯公全無賓主之禮，害怕而不敢前進。借士張良冒死入營，特請魯公三思。」

古今齊說，褒貶共用，在場之人全都無言以對。

項羽認為張良有理，令甲士盡皆退去，請賓客進營，並下令各位將領只准帶文臣或武將一名，作為侍從應答。

張良出外，跟著劉邦重新進營。劉邦不敢如以往日兄弟相稱，急忙趨步階下，鞠躬下拜，說：「劉邦謹候魯公麾下！」

項羽厲聲問曰：「你有三罪，知道嗎？」

劉邦說：「我只不過是沛縣治下一個亭長，偶然之間被眾人推為首領，率兵伐秦，幸而投到魯公麾下，凡是有所進取，全靠魯公指點，哪裡膽敢妄為？」

項羽說：「你招降秦王子嬰，又將他釋放，只知道自行其事，而不知楚懷王之命，這是第一罪；你為了收買人心，私改秦法，這是第二罪；遣將守關，阻止諸侯之兵，這是第三罪。你犯有如此罪過，怎麼還說不知？要我來提醒你嗎？」

劉邦再三叩首，回答說：「容我一言，說明心曲。秦王子嬰，心悸投降，如果我擅

自殺死，可以說自作主張，而今只暫令官吏看管，專等魯公發落，不敢釋放。秦法苛刻，多年危害天下人民，百姓如處水深火熱之中，日日盼望拯救，秦法多存一日，百姓受罪一日。我急於更改秦法，正是為了宣揚魯公之德，百姓都說：『前部入關者都能撫愛百姓，而主帥到來，更能撫愛百姓！』至於派兵把守關口，絕不是為了阻擋諸侯，更不敢阻擋魯公，只是為防備秦國餘黨。我劉邦實在是無意中進入關中，今天與魯公相會於此，實是大幸。之所以會有這樣的誤會，全都是小人造謠生事，要讓魯公與劉邦產生嫌隙！」

項羽個性剛直，一生最怕弱者，最喜奉承，最恨強者，聽了這一席話，怒火頓消，信口道：「不是我有心責怪，只因你帳下曹無傷這樣說，所以知道你有此三罪，否則怎麼會到這般地步？」說完便走下座位，親扶劉邦入座，命設酒招待。

項羽、項伯坐在西面，坐了主席；范增坐在南面，坐了陪席；劉邦坐在北面，坐了客席；張良站在劉邦一側東向，作為侍者。大家一面飲酒，一面說些閒話。

范增見第一計不成，於是按照預先的約定，舉起所佩玉玦示意多次。可項羽見劉邦謙遜柔和，對自己畢恭畢敬，已無殺心，便不理會。

范增見第二計又失敗，不得不採用下策，以目示意陳平斟酒。

陳平向前勸酒，邊細看沛公，高鼻龍相，相貌大貴，心下尋思：此非常人也！他日定當大貴。若順從范增意圖，恐怕背逆天意。

陳平斟酒，倒入項羽杯中多，倒入劉邦杯中少。劉邦也會其意，雖然有些酒意，但仍不失禮。

范增見三策都失敗，心中自歎：今日不殺劉邦，他日必成大患！

一計不成，又生一計，他避席而出，準備去尋找一個武將，藉舞劍之機殺死劉邦。

一出帳門，正好看到楚將項莊，項羽宗族一員。

范增把項莊叫到人少之處，附耳低聲道：「魯公為人性剛，但心不忍。今日的鴻門宴本是為了誅殺劉邦而設，但是我再三舉佩玦，魯公全不理睬。如果今天放走了劉邦，將來絕無如此良機。你可進入席前，請求舞劍為樂，乘機殺死他，否則，來日我們都會成為他的俘虜。」

項莊應允，待范增入座之後，大步走到項羽、劉邦席間，叩禮說：「軍中之樂不足觀，我請求舞劍給魯公助興。」

項羽隨口說：「好！」

項莊拔劍起舞，意在沛公。張良看出有異，知道項莊企圖藉舞劍擊殺劉邦，急忙用眼神示意項伯。

項伯知他之意，出席拔劍說：「舞劍須對舞才好看，劍鋒交錯，奪目爭輝，足可如諸位之意。」

項羽也隨口說「好」。

項伯仗劍與項莊對舞，時時用身子像羽翼一樣護住劉邦，讓項莊無法如願將其擊殺。

另一方面，張良見情況危急，急忙出席，想去軍門喚樊噲。

丁公、雍齒攔住他，「先生要去哪裡？」

張良說：「欲出取玉璽。」

陳平跟在後面，已知其意，便高聲說：「魯公性急，快放子房先生出去！」

丁公等人只得放行。張良急忙找到樊噲說：「如今項莊舞劍，意在擊殺沛公！事情很急，將軍快入救！」又細囑須如此此。

樊噲開步欲行，張良忙阻止說：「等我進去之後，你再闖進營去。」

一會兒後，樊噲見張良已進軍中，來到門口大呼：「鴻門大宴，我為隨從，怎能無份？我要見魯公討些酒飯充饑！」說完，帶劍擁盾而入。

丁公等人企圖阻擋，但怎擋得住樊噲神力？他輕鬆推倒守門眾兵士，一下子直入軍中，披帷而立，頭髮上指，目眥盡裂。

項羽忙問：「壯士何人？」

張良答：「沛公驂乘樊噲！」

項羽又問：「你來這裡做什麼？」

樊噲說：「聽說魯公舉行慶賀滅秦大宴，無論大小，都有酒食，但是我從早上到現在都還沒有用餐。肚中饑渴，實在難忍，特來求魯公賜飲。」

項羽命左右賜酒一大杯，樊噲一飲而盡。又命賜一豬腿，他直接用劍切來吃。

項羽說：「壯士，能夠再喝酒嗎？」

「我死都不怕！一杯酒算什麼？」

項羽再問：「你準備為誰死？」

樊噲說：「秦王有虎狼之心，殺人恐怕不多，刑人唯恐不夠，因此天下百姓盡皆反叛。懷王與諸將約定『先破秦入咸陽者王之』。如今沛公攻破秦國，進入咸陽，秋毫無犯，封閉宮室，還軍灞上，專候魯公到來，派將守關，好防備盜賊。沛公勞苦功高如此，未得封官委爵之賞，魯公反而聽信小人之言，要誅殺有功之人，這跟秦王有什麼差別？而今二將表面上是舞劍，暗地裡卻想刺殺沛公！我要替沛公申此不平，就算死也無所謂！」

項羽回嗔作喜說：「沛公有這樣的驂乘，真是勇士！」說完，下令項莊停止舞劍。

須臾，劉邦見項羽已醉，推說上廁所，招樊噲一起出去。丁公和雍齒又是攔住不放。

張良急忙說：「魯公傳令，諸侯將校不勝酒力，下旨放出。」

陳平也適時從後面出來，急呼：「放沛公出去！」

劉邦到軍營門外，問：「如今出來，還沒有向魯公告辭，怎麼辦呢？」樊噲說：「大行不顧細謹，大禮不辭小讓。如今人為刀俎，我為魚肉，有什麼可辭的呢？」

劉邦想了想，令張良留下來致歉。

張良問：「沛公可有帶什麼東西作為禮品？」

劉邦說：「我帶來白璧一雙，準備獻給魯公；玉斗一雙，準備獻給亞父范增。但是他們正在發怒，不敢當面奉獻，先生替我獻上吧！」

張良答應。劉邦不敢耽擱，帶著樊噲、夏侯嬰等人，沿著驪山山腳下小道逃回灞上去了。張良估計劉邦已到軍中，才進入中軍去見項羽，致歉說：「沛公不勝酒力，不能面辭，特叫我奉白璧一雙，拜獻給魯公；玉斗一雙，拜獻給大將軍足下。」

項羽問：「沛公現在哪裡？」

張良說：「聽說魯公有意責過，已經脫身而去，從小路回到軍中去了。」

項羽沒說什麼，把雙璧放在座位上。范增拔劍將玉斗劈碎，說：「唉！豎子不足與謀！最後奪得天下者，一定是沛公。」

劉邦回到軍中，立即派人將曹無傷抓來，大罵一通，立地斬首。項羽的一句話，葬送了一個大好的內奸。

回顧這一宴，的確驚心動魄。

劉邦因功獲罪，張良一而再再而三叫他退、退、退，最後逃席而去。雖然有點狼狽，至少撿回了小命。

項羽推行霸權主義，可卻由於婦人之仁，一誤再誤，縱虎歸山，終成為後患。范增

一計不成二計，二計不成三計，遺憾由於項羽的反覆不定，弄到黔驢技窮。

這就是千古名宴——鴻門宴。

鴻門宴之所以成為千古名宴，並不是吃龍肝鳳膽、喝玉液瓊漿，而是在這場便宴上，政治風雲驟起，劍拔弩張，明爭暗鬥，怵目驚心，對劉、項相爭產生了重要影響！

劉邦的脫逃，有必然性，也有偶然性。

項羽外表是一個奇人，內心卻是一個平凡的人。劉邦正好相反，外表是一個俗人，內心卻是一個偉人，見風使舵，見縫插針，見人說人話，見鬼說鬼話，環境一變他就變，該進時伸頭，該退時縮頭，他才不管面子不面子的。

項羽不懂政治鬥爭的藝術和實質，心直口快，一句話賣了曹無傷。一味仗恃武勇與實力，最終也只能為將，難以為帥為臣，更難以為君。

第 13 章

再當一回孫子

劉邦說：「大王新定大位，不敢早奏。可如今各路諸侯都歸家就國，去孝敬父母，單獨留下我在咸陽，究竟何日才能見到父親？」說到傷心之處，禁不住弄假成真，哭泣起來。他的後世子孫劉備也善於哭哭啼啼，可能是一種遺傳。

鴻門宴後，項羽大軍開進咸陽，劉邦只得叫秦降王子嬰重新向項羽投降。子嬰不得已，再度乘坐喪車，素巾纏頭，二繩繫背，向項羽伏地請罪。

仇人相見，分外眼紅，項羽厲聲大喝：「暴秦殘滅六國，荼毒天下百姓，至今遺禍於你，你有什麼話說？」

子嬰叩頭說：「廢除六國是秦始皇帝所為，殘害天下百姓，實屬秦二世皇帝罪惡，下臣我從未參與……」

項羽與秦國有滅國之仇，殺親之恨，哪裡有心聽他訴說，喝令下手。英布一刀把子嬰揮為兩段。

秦民素來兇悍無比，對子嬰懷有感情，今見他被項羽殺害，齊聲大呼：「沛公仁德，萬代為君！項羽殘暴，斷子絕孫！」

項羽大怒，下令誅殺咸陽百姓。

范增趕到項羽馬前，連聲大呼：「不可，不可！」

項羽虎目圓瞪，氣勢相當恐怖。

范增說：「劉邦入關，秋毫無犯，約法三章，已然攫取民心。大王未施恩信，先殺子嬰，現在又趕殺秦民，這樣會失去天下人心的。」

項羽不以為然，反駁道：「我率天下諸侯共誅暴秦，秦王子嬰是暴秦首惡，殺他為天下之人報仇雪恨，怎麼不該殺？秦國刁民齊聲毀辱，公開叛逆，一日縱敵，萬世為

患，如何不殺？」

范增又說：「昔日魯侯妄殺一個無辜宮女，帶來九年乾旱；齊景公錯殺宮妃，高台坍崩數里，化爲飛蝗殘食五穀。古人曾經說過：『一夫銜恨，六月飛雪；匹婦含冤，三年不雨。』大王切莫屠戮天下生靈！」

他在這裡苦勸，咸陽百姓在那裡高喊不止，項羽怒上加怒，下令大軍盡快殺戮，論功行賞。

一聲令下，秦王公族、百官百姓，被殺之人何止成千上萬！范增見此慘狀，放聲痛哭。七十多歲老人的悲聲，自有一番揪肝裂膽的感人力量。他接著向前抱住項羽馬頭，拚命死諫：「湯王時天遭大旱，湯王把自己當成祭品，自祀於桑林之野，痛心自責，連續三日天降大雨。湯王姑且捨身爲天下百姓，秦民有什麼罪過？竟遭此殺戮！今日一旦屠城，上天不助，大王難道不怕上天降罪？」

項羽本是鐵石心腸，但他一怕上天，二怕見人流淚，便下令收兵。

可是，殺人不盡興，難以發洩心中仇恨，便命令兵將點火，燒了秦王宮與阿房宮，大火此伏彼起，三月不絕。

如此還沒完，他接著派兵燒了秦始皇帝陵，派大軍挖墳，搬取財物，一月不絕。幸好這座墳墓修造得太堅固，沒能打開地宮挖到秦始皇的屍體，否則後人就見不到壯麗的西安秦始皇陵兵馬俑了。

殺了一番，燒了一通，搶了一陣，國恨家仇已報，項羽頓時覺得「拔劍四顧心茫然」，有一種「有力無處使」的感覺，想來想去，決定分封諸侯，「衣錦還鄉」了。

項羽封劉邦為漢王。劉邦回到駐地，大怒說：「封我當關中之王，建都咸陽，這是懷王早就跟諸侯約定好的！如今卻讓我去那流放犯人之地，當什麼漢王，關山阻絕，峻嶺崇鬼！那裡哪是什麼建國立朝之地！」

平常笑哈哈的劉邦，此時此刻也不禁怒氣沖沖！

底下有人回應說：「巴、蜀自古是秦國流放罪人的地方，沛公先入咸陽，應該當關中王，怎麼反而去了漢中？這一定是范增那個老賊的陰謀詭計！」

又有人提議：「與其去那流放罪人之地送死，不如組織人馬，與項羽抗爭，要求他按懷王與諸侯之約辦事，或許可以避免老死漢中的命運。」

樊噲高叫：「說得是！我為先鋒，一起去殺霸王！」

蕭何卻說：「到漢中為王，條件的確艱苦，但總不至於死。」

劉邦反問：「為何不去漢中就是死？」

蕭何回答說：「項羽大兵四十萬，我軍才十萬，百戰百敗，哪能不死？居一人之下，萬人之上，立信自強，這樣的事，只有商湯、周文等聖賢才辦得到。漢王去漢中為王，撫恤百姓，招羅賢才，以巴、蜀為基地，早日還定三秦大地，天下可圖，何必要逞一時之氣？」

「三秦大地」就是關中大地。項羽分封章邯、司馬欣和董翳爲雍王、翟王和塞王，三人都是秦國降將，所得封地正是原先秦國之地，所以人們把這塊地方稱爲「三秦」，或「三秦大地」。

張良也勸諫說：「巴、蜀、漢中雖然是秦國流放罪犯之地，但是這個地方內有崇山之固，外有峻岩之險，進可以攻取天下，退可以據險自守。楚國即使有百萬大兵，又怎麼能奈何得了漢王你？而且巴、蜀大地沃野千里，曾爲秦國統一中原提供了大量的人力、物力，正是漢王興起之地，養兵之所。大王應該欣然聽命，走得越快越好，早日離開是非之地。眼下如果稍有不滿，項羽必然尋事陷害。項羽勢強兵廣，現在根本無法與他抗衡啊！」

劉邦聽完，急忙站起來說：「如果不是先生之言，我差點又犯了大錯誤！」

酈食其也說：「漢王居住漢中有三大好處，居住關中有三大害處。三大好處是：巴、蜀、漢中道路艱險，消息不靈，其他人不知道大王的虛實，這是第一利；巴、蜀、漢中地形起伏大，山高路陡，操練出來的士兵善於攀山越嶺，有很好的適應性，此乃第二利；漢王所屬兵將，都是關東之人，去了漢中，遠離家鄉，人心思歸，人人努力，眾人拾柴火焰高，是爲第三利。至於三大害處：關中之地雖然靠近故鄉，但是緊靠韓國、魏國，國內有什麼舉動，容易洩漏，這是第一害；漢王如果起兵攻楚，項羽、范增等人肯定早就知道深淺，自然嚴加防範，必會生出不測之禍，此是第二害；人心變化，沒有

一個人不喜歡強大而厭惡弱小，如果看到楚國強大，偷偷逃亡，漢王用什麼方法加以制止呢？這是第三害。漢王應該忍辱負重，臥薪嘗膽，天下可圖！」

劉邦大喜，說服部下武勇，積極準備建國。

他在這裡一忍再忍，不料范增又出了一個鬼點子。

范增深信天命，忽然想起劉邦是火命，所以斬白蛇、樹紅旗。如今居住漢中為王，正是西方。西方為金，火煉金，必然要成大器。

他急忙去見項羽，說：「大王封劉邦為漢王，他心中十分不滿。他的將領都是關東之人，人人都忿忿不平，以為大王背約分封。如今不除，必為後患。」

項羽說：「分封詔書已出，天下大局已定，何必又生此舉？」

范增說：「我有一計：明天各位諸侯來見大王，大王就問劉邦，『我封你為漢王，你去不去漢中？』他如果說『去』，大王就可定他圖謀不軌之罪；他如果說『不去』，大王就定他抗旨不遵之罪，即可斬之，除去此害！」

第二天，各路諸侯王來朝。禮畢，項羽果然問劉邦：「漢王，我封你去漢中，你去，還是不去呢？」

劉邦不敢說「不去」，但也不願說「去」，靈機一動說：「我食君王之祿，命運全掌握在君王手裡，怎麼好說去還是不去？我就像大王的馬，鞭子抽，我就往前走；拉住韁繩，我就停步待命。」

項羽笑著說：「漢王真會打比方！」這幾句話滿足了他的虛榮心，心中的殺意又一次被消除。

劉邦回到漢王營，張良急忙入見，問：「漢王知道今天的危險嗎？」

劉邦驚訝道：「今天又有什麼危險？」

張良說：「漢王真是洪福齊天！剛才霸王問您去不去漢中，如果大王回答『去』，霸王就會定你『圖謀不軌』之罪；如果大王回答『不去』，他就會定你『欲王關中』之罪。如果您不是善於應對，今日定遭殺身之禍，真是天意！」

劉邦聽了分析，心中十分害怕，忙向張良問計，只求早日離開這是非之地。

張良說：「我馬上就去找項伯和陳平，商議脫身之計。漢王做好準備，等到霸王下令，立即起身，可免禍害。」

張良私見項伯、陳平，詳細述說范增企圖加害劉邦一事，求告說：「漢王如今要去漢中就國，但尚無脫身之計。倘若他平安無事去漢中，絕不會忘記今日相助之情。」

陳平沉思半晌，附耳低聲述說巧計。張良大喜，催請用計。

項羽當上西楚霸王，封范增為丞相，號為亞父，封項伯為尚書令、鐘離昧為右司馬、季布為左司馬、龍且為大司馬、丁公為左將軍、雍齒為右將軍、陳平為都尉、韓生為左諫議、英布為引戰大將。韓信則被封為執戟郎，大概相當於警衛隊長。

項羽分封諸侯之前，尊楚懷王爲義帝，以「古之帝者，地方千里，必居上游」爲由，勸義帝遷都郴州，自己遷都彭城。但是義帝一直不肯動身，項羽心懷不滿，召集楚國群臣商議。

陳平趁機出班啓奏：「天無二日，國無二君，民無二主。如今大王已經頒詔改懷王爲義帝，分封天下，卻又向懷王請命，這是國有二君。百姓盡皆傳言，當今天下是以臣封臣，古今罕見。這樣，大王的威信不足以征服天下。依下臣愚見，應派丞相亞父帶領二位驍將趕赴彭城，催促義帝起身，放置偏僻之地，從此不用請命。」

陳平爲了幫助劉邦，特向項羽獻上此計，使范增離開，以便用計。

項羽聽了陳平啓奏，正合心意，立即下旨，令范增帶著桓楚、英布趕赴彭城，催促義帝速往郴州，並將彭城修飾整齊，表示難忘故地之情。

范增不便違命，只得先去準備，然後辭別項羽。

范增說：「我如今遵命前去彭城，唯恐左右蒙蔽大王。我有三事上諫，大王定要留意：第一，大王千萬不要輕易離開咸陽。關中自古就是建都之地，天府之國，沃野千里，進可攻，退可守。第二，大王應該重用韓信，此人有元帥之才，只是時運不濟，大王選拔重用，必能橫行天下，所向無敵。如果不想重用，不如趁早殺之，以免讓他再投他人，遺害無窮。第三，大王不應該讓劉邦去漢中，暫且留他在咸陽，等我回來，再做處斷。這三件事非常重要，一定切記！」

項羽應允說：「亞父速去速回，這三件事我牢記在心。」

范增即日帶著桓楚和英布奔赴彭城。

范增走後第二天，陳平上表項羽，聲稱各路諸侯雲集，每日費用極大，唯恐關中百姓難以支撐。

項羽看完奏章，立即傳令：「新封各路諸侯王，五日之內都必須各就封國，漢王劉邦和韓王姬成暫留，再做計議。」

張良與陳平謀劃，本想勸項羽遣派諸侯就國，劉邦也可趁機去漢中，想不到人家會來個「漢王劉邦除外」。張良一聽，大吃一驚，心想：漢王危險了！如果范增從彭城回來，必然會想方設法加以謀害，怎麼還能夠去就國呢？

事不宜遲，張良急忙去見劉邦。

劉邦說：「霸王下令新封諸侯就國，但卻將我除外，一定是要設法謀害，先生你看該怎麼辦？」

張良獻計說：「漢王老小都在沛豐，明天您上書霸王，要求去老家搬取老小，我自有計策拯救大王。」

劉邦即令酈食其作書，次日去見霸王，要求回沛縣搬取家小。

項羽說：「漢王要去沛豐搬取老小，這也是孝子之意，但恐怕不是出於本心。是不是因為昨天我叫你暫留咸陽，所以今天來上書？」

劉邦說：「我父親年老，母親已逝，家中無人孝敬，日日都在思念。大王新定大位，不敢早奏。可如今各路諸侯都歸家就國，去孝敬父母，單獨留下我在咸陽，究竟何日才能見到父親？」說到傷心之處，禁不住弄假成真，哭泣起來。他的後世子孫劉備也善於哭哭啼啼，可能是一種遺傳。

張良啟奏：「不讓漢王回家搬取家小，那就讓他去漢中為王吧！大王可派人去抓劉老太公一家作為人質，包管漢王不敢生出二心。」

項羽說：「把漢王留在咸陽，沒有叫他就國，就是怕他心生異志。」

陳平趁機說：「大王既然已經分封劉邦為漢王，佈告天下，又把他留在咸陽，恐怕失信於天下。不如聽從張良勸諫，叫人把劉太公一家老小抓來咸陽為質，叫漢王去漢中為王。一可取信於人，二可管住劉邦，可謂兩全其美。」

項羽一聽，覺得有理，說：「既然這樣，就去漢中為王，不得去沛豐搬取家小。」

劉邦聽說，假意哭泣，拜伏在地，久久不起。

項羽說：「你先去漢中就國，等我遷都彭城之後，派人將你老小接去彭城贍養，那時你再來迎接，也不失孝敬之意。」

劉邦只得拜謝，說道：「感謝大王聖恩，今生不敢忘記！我今日就此告辭，趕到漢中去！」說完，快快告辭回營。

楚將鐘離昧聽說項羽放了劉邦，急忙勸諫說：「亞父臨走之日，告誡大王不可讓劉

項羽說：「扣住劉邦一家老小，就可以管住劉邦了，又何必硬要爲難仁呢？何況封詔已經佈告，怎麼能聽信亞父一言，讓我失信於天下呢？若不放心，再派人傳令，只准劉邦率領三萬人馬就國，其餘人等全部留下。」

鐘離昧與韓信是好朋友，退下後與韓信商議此事。

韓信感歎說：「讓漢王去漢中就國，又不准攜帶家小，正中了他的詭計。日後漢王藉口思念父母，率領三軍之眾東進，我們都要成爲他的俘虜。可惜亞父金玉良言，如今全成畫餅了！」

邦去漢中，如今怎麼忘了？」

卻說劉邦回到營中，吩咐三軍正要啓程，忽然接到項羽旨令，只准帶領三萬人馬隨行。已經到了如此地步，張良、蕭何、酈食其一班謀臣，只得勸他一忍再忍。好在長期跟隨劉邦的士兵不多，大都是原來陳勝、項梁手下散兵，經過挑選，只帶三萬精幹兵士，其餘全交給了項羽。

關中父老聽說劉邦要去漢中，挾老攜幼，哭哭啼啼，都來送行。劉邦再三撫慰，大家送了一程，還要送一程。

蕭何出面勸說：「霸王法度十分嚴格，你們不要遠送，恐怕因此受到連累。」

劉邦告別關中百姓，張良令樊噲等人催動大軍飛速前進，經安平、扶風、鳳翔、寶

雞、散關，到鳳陽，入棧道。

棧道是在懸崖峭壁之上，用木材依山勢架成的「橋樑」，乃巴、蜀、漢中通往關中的要道。劉邦士卒大都是關東之人，哪裡見過如此高山深谷，艱險道路？一時間議論紛紛：「我們來到如此險惡的地方，如果有人把守，一定死無葬身之地。與其坐地等死，不如殺回咸陽，與項羽決一雌雄，這才是大丈夫所為！」

樊噲等一班武將全叫嚷起來，要殺回咸陽。劉邦也氣忿不平地說：「我奉懷王之命，先入咸陽，本該為關中王，誰知項羽這個無賴違反約定，把我弄到這種鬼地方，又叫章邯三人阻擋我東歸之路！我等即使會騰雲駕霧，也飛不出關山阻隔。不如聽從眾人主意，趁三秦尚未派兵把守，正好殺回咸陽，拼個你死我活，不失為上策！」

張良、蕭何、酈食其等人立即下馬，拜伏在地說：「不可聽信眾人一時火性，壞了將來大事。漢中雖然險惡，卻正是大王興起之地。漢中、巴、蜀，地處偏遠，招兵買馬，訓練士卒，霸王不可能知道。等到人強馬壯，乘機平定三秦大地，天下不難一統。如果助長眾人之怒，回兵咸陽，項王命令三秦之兵四面出擊，豈不是以卵擊石？到那時，大王想再做回漢中王，恐怕都不可能了！」

劉邦想來想去，思前顧後，忍下氣來，叫樊噲催促人馬，繼續向漢中前進。

棧道快要走完，張良忽然來到劉邦面前，說道：「我送大王到此，準備告辭回去，輔佐韓王歸國。」

劉邦驚問：「先生這時告辭而去，我要靠誰？」

張良說：「我告別大王，雖然明說是回去侍奉故主，實際上，是要去為大王辦三件大事。」

「先生準備替我去辦哪三件大事？」

張良說：「第一件，想方設法讓霸王遷都彭城，留下關中，作為大王建都之地。第二件，遊說天下諸侯反楚歸漢。第三件，尋找一個足以興漢破楚的統兵大元帥。我辦完這三件大事，就會與大王在咸陽相會。切記大王百事忍耐，聽從眾人勸告，千萬不可操之過急。漢中不過暫時棲身之地，多則三年，少則一、二年，我包管讓您回到咸陽。」

劉邦拉住張良的手，說：「果真如先生所言，劉邦即使受盡千辛萬苦，也不敢有半句怨言。先生日後所舉元帥，不知有何憑據？」

張良答：「此人必有我書一封，內裝親筆信件，信中敘述我與大王平時密言大事。大王定要重用，千萬不可失去！」

惜別後，張良又邀蕭何到無人之處，與他定計。

告別劉邦、蕭何，張良帶著幾個隨從沿棧道折返，一邊放火，一邊往前騎馬飛奔，不出兩日，便將三百里棧道燒得乾乾淨淨，只剩下一片燒得枯黃的千仞絕壁。

第14章

元帥在此

項伯上朝未回，張良獨自閒步來到後花園內。從容登樓，遊
觀樓上所陳書案。書案雖多，但大都平平。翻到最後，突見
一策立意深遠，語言出眾。一時間，又驚又喜。

有一天，農夫對他所養的老馬說：「你走吧！等你比一頭獅子更強壯時，我自然會把你牽回來。」

這匹可憐的老馬走到森林中遇到一隻狐狸，便把自己的遭遇告訴了狐狸。

狐狸說：「別愁，放心，我來幫你。你先躺在地上裝死……」

老馬按吩咐做了。

狐狸找來獅子，指著裝死的馬說：「這匹馬已經死了，你一頓也吃不完，運回家去慢慢享受吧！」

獅子問：「怎麼才能運回去呢？」

狐狸說：「我把馬的尾巴綁在你身上，你拖著馬，不就能回去了嗎？」

於是獅子躺在地上，被狐狸綁在馬背上。

而後，狐狸拍了拍馬的肩背說：「起來吧！老馬頭，你可以回家了！」

老馬跳起來，輕鬆地把獅子拖到了主人的屋裡。

狐狸就是這樣左右逢源的動物，不僅能和強於自己的動物打得火熱，還不棄寒微，能適時幫助被主人拋棄的老馬。正是因為如此，強大者願給狐狸一條生路，弱小者也多相信牠、依靠牠。

劉邦也是同一類的人，他投靠過項梁，在項羽的面前裝過孫子。另一方面，他也能容下韓信這個胯夫，拜其為大元帥。

張良回到咸陽後，前去拜訪項伯。兩人相見，欣喜非常。

之後，暫住項伯家中的張良，聽說韓王成被項羽處死的消息時，大驚失色，悲痛欲絕，誓為主子報仇。次日與項伯說明情由，趕回韓國送葬，不久之後又回到咸陽，依舊住在項伯家中。

一天，項伯上朝未回，張良獨自閒步來到後花園內。園中有一座題名「萬卷書樓」的小樓，掩映在柳蔭松影之中，別具一番景致。

張良為何久久住在項伯府中不去？就因為項伯是尚書令，府中藏有四面八方上書文策，天下人才文字檔案。正如俗話所云：「欲窮千古事，朝暮伴書樓。」

張良從容登樓，遊觀樓上所陳書案。書案雖多，但大都平平。翻到最後，突見一策立意深遠，語言出眾。一時間，又驚又喜。驚的是恐怕項羽任用此人，喜的是在這裡找到如此出眾人才。如果讓此人歸附劉邦，必為興漢破楚的大元帥，韓王大仇可報，漢王帝業可興。

這篇奏策要略如下：

如今霸王雖然稱王關中，但是人心未服，根本未定，百姓不過畏其強，懼其威而已。然而強可變弱，威可被抑。此為大王當今之所恃，一旦失去，天下怎能安定？

劉邦舊居山東之時，貪財好色，但是一入關中，發號施仁，約法三章，不取財物，

不近美女，盡力收買人心。秦民心悅誠服，恨不得他為關中之王。大王入關，不施善政，只見殺戮，坑降卒，殺子嬰，掘皇陵，燒阿房，屠咸陽，大失民心……假使劉邦首先發難，諸侯必然回應，不想讓他強大，他自己也會強大；不願他勝利，他自己也會勝利。大王如今擁有的這些優勢，劉邦不久將會擁有。近日劉邦燒絕棧道，旨在向大王表明，他不會東進，藉此麻痹三秦，使之不做準備，然後收用巴、蜀、漢中之民，先取關中之地。此乃識天下之機，審天下之勢的舉動。

大王自以為無敵天下，不知勝敗之機已在不知不覺之中開始轉換。因此，下臣不願眾人譏笑，冒顏為大王陳說己意。為今之計，應增兵嚴守險要之處，速派人馬巡哨邊關，收回章邯三人，另派智勇大將鎮守關隘，再派專人拘取劉邦家屬，監押咸陽為質，劉邦不敢東進，社稷有磐石之固……如果能做到這樣，劉邦不敢

張良將策文看了兩遍，更加驚心。此人實為大將之才，但是，項羽名將之中絕無此人，究竟是誰？

如此看了又看，而後仍將策文放回原處，回到房中，等候項伯回來。

不久，項伯罷朝歸來，問說：「賢弟還住得習慣嗎？」

張良說：「無所事事之人，忘卻世故之輩，哪有住不慣的道理？」

項伯當日無事，遂置酒相待。兩人喝得正在興頭上，張良藉機說：「聽說兄長有一

花園，今日可否一遊？」

項伯說：「正想與賢弟一遊。」

項伯叫僕人在前引路，來到後花園中。話不多說，兩人一起登上「萬卷書樓」。閒聊亂侃一通，張良佯裝信手抽出一策，叩問：「此為何人所作？」

項伯自然毫不防備，感歎說：「魯麟周鳳，未遇其時。此人姓韓名信，淮陰人，家貧無依，曾求乞於人……」

韓信乃江蘇淮陰人，出身布衣，不善農耕商賈，沒有一技之長養活自己，經常半飽半饑，常到別人家去混飯吃。在老家的時候，他曾在一位亭長家混飯吃，長達數月之久，亭長的妻子很討厭他，故意把吃飯的時間提前，等韓信去的時候，大家早就吃飽了。韓信十分生氣，與亭長絕交而去。

韓信曾在淮下河邊釣魚，有時候一天還吃不上一頓飯。

有一位在水中漂紗的婦人，看到他面帶饑色，便常送飯給他吃，長達數十日。這就是後來人們常說的韓信「乞食於漂母」。

韓信道謝說：「我將來會重重回報於您。」

漂母生氣地說：「大丈夫不能自己養活自己，真是可悲！我是哀憐你，才送點飯給你吃，難道是希望你回報嗎？」

現在江蘇淮陰市有一座「胯下橋」，可以算是當年韓信在淮陰生活的見證。源自於

一個近乎荒唐的故事：

韓信雖然身無半職，一貧如洗，但每次上街，腰間總是掛著一把寶劍。

淮陰街頭有一個好事之徒，一天有意在街頭侮辱他，對他說：「你雖然長得身高體壯，喜歡帶刀弄劍，其實外強中乾，膽子小得很！你如果膽子大，就用劍把我刺死；如果怕死，就從我的胯下爬過去。」

韓信思慮再三，反覆審視這個惡人，最後竟彎下身子，從人家的胯下爬過去。

耳聞目睹這一幕的大小人等，都認爲韓信膽怯。但是，對自己的行爲，他卻有另一番見解。韓信後來被劉邦封爲楚王，衣錦還鄉的時候，專門招來那人，封他爲楚軍中尉，並對將領說：「這個人也是一位勇士。他當時侮辱我，難道我不敢殺他？但殺他沒有任何意義。忍辱負重，所以才有今天。」

韓信不是「匹夫見辱，拔劍而起」的武夫，他深深懂得「龜縮法」。此舉備受後人稱讚，認爲是偉人之舉，因而特地在事發地修了一座橋作爲紀念，取名「胯下橋」。

韓信雖然貧困，但讀過不少書，從小就有抱負。司馬遷曾說，他爲撰寫《淮陰侯列傳》，特地去淮陰訪問。淮陰人跟他說，韓信小的時候雖然貧困，但是他的志向與眾不同。韓信的母親死了，窮得沒法建墓，但他仍然去尋找一塊高敞之地埋葬，旁邊可容納萬家居住。司馬遷親自去看，果然與淮陰人的說法一樣。

韓信在司馬遷的《史記》中雖然只有一個「列傳」，但是從篇幅來看，遠遠超過不少「世家」。

正當窮困潦倒的時候，項梁反秦，擁立楚懷王，經過泗水，韓信於是仗劍投奔。項梁卻因不喜歡他的外貌，不想留用。

范增忙說：「韓信面貌清癯，中含蘊藉，既來相見，就應留用，否則恐塞賢路，多為不便。」

項梁只叫韓信當一個執戟郎中，實際上就是一名衛隊首領。韓信未得重用，心中始終悶悶不樂。

項伯給張良介紹說，范增曾屢次向霸王推薦韓信，霸王總不重用，仍舊是執戟郎。

前幾天上此策文，霸王欲要問罪，是他力勸才得倖免。說完，不禁歎息。

張良也不翻看，隨口說道：「想來，不過是個輕狂之徒。」心中卻大喜：此人居然就在這裡！得來全不費工夫！

兩人又閒話一番，下樓回屋，盡歡而散。

張良在項伯家中住了幾天，日夜想著為韓王報仇雪恨，為劉邦尋找興漢破楚大元帥，此時已胸中有數，便與項伯辭行。

項伯說：「賢弟此來未及一月，怎麼便要辭行？」苦苦留住不放。

張良不捨地說：「京師是繁華之所在，不是修身養性的地方。我想尋個深山幽谷，

練真悟道，做個長生之客，要是捨不得拋棄塵世榮華富貴，就學不到成仙得道之術，望賢兄見諒！」

項伯無可奈何，只得送他離去。

第 15 章

三把寶劍

張良背著前日入關之時，在秦宮中所得的一口寶劍，來到韓信府前，求門吏通報。韓信聽說，感到奇怪：我在淮陰貧賤，沒有知心朋友，怎會突然有同鄉造訪？

張良告辭項伯後，走出咸陽不遠，喬裝成道士，又回到咸陽城中，在小街僻巷四處遊蕩，一路唱歌。由於他似瘋似癲，腰掛銅錢，袖藏水果，手中打著竹板，或在古廟寺觀，或在店肆勾欄，引來一大群兒童。

這樣過了一兩天，張良發現其中一個小男孩聰明伶俐，就將他引到僻靜無人之處，送些銅錢、果餅之類，教他唱一首兒歌：

今有一人，隔壁搖鈴，只聞其聲，不見其形。

富貴不還鄉，如錦衣夜行。

教了幾遍，小男孩牢記在心。

張良還告誡他說：「如果有人問你這首歌是從哪裡聽來的，你只須說夢中有人教你。儘快教其他人也來唱，將來長命百歲，不生疾病。如果說出來，便會大禍臨頭，切記切記！」

小孩點頭，張良又給些銅錢。離開咸陽城後，他又扮成一位外地客商，在附近小店安歇，密切注意城中情況。

項羽分封諸侯，招惹了不少人的怨恨。為了瞭解情況，常叫內侍出宮打聽消息。一天，內侍聽到歌謠，急忙報告。項羽不信，晚上親自微服出宮，來到市井之中，果然見到好幾個小孩聚在一起唱兒歌。

他問其中一個小孩說：「是誰教你們唱這首歌謠的？」

小孩說：「上天教的！」

項羽一驚，心想：如今咸陽一片瓦礫，我正準備遷都彭城，原正是天意。

次日早朝，他對群臣說：「天降童謠，各位怎不上奏？為什麼呢？」跟著把童謠說了一遍，分析說：「『今有一人』，說的就是老大我。『隔壁搖鈴，只聞其聲，不見其形』，說我名聲顯赫，但是尚未傳揚於世。『富貴不還鄉，如錦衣夜行』，說我擁有天下，但是不回故鄉，就像穿著華麗的衣服在夜間行走，沒有人看見，跟沒穿一樣。這首童謠，正是上天旨意。咸陽宮闕燒得一片狼藉，一時難以修復，遠遠不如彭城，那裡又是桑梓之地，我看我還是回彭城建都吧！」

而後下令，修整彭城，擇日遷都。

諫議大夫韓生急忙上奏：「這等謠言，必是有人故意編造，大王怎麼可以輕信？關中自古就是建都之地，披山帶河，四塞為固，獨當一面。東有黃河、函谷關之險，西有隴嶺、關山之阻，南有終南、武關，北有涇、渭、潼關。三山八水，沃野千里，是名副其實的天府之國。周文王、周武王憑藉關中而稱王，秦帝國憑藉關中而為帝。大王不要聽信如此謠言，離開興國之地。」

項羽說：「你說關中自古建都之地，但是我心中不樂。我遷都彭城有三個原因：第一，我征戰多年，未曾還家；第二，關中山多地少，眼界開闊不得；第三，天賜童謠，此乃天意。我決心已定，你不要再多言！」

韓生又說：「大王如今是天下之主，就像天上的太陽一樣，哪一個不仰視，爲何一定要榮歸故地呢？孟夫子曾說：『尺地莫非其有，一民莫非其臣！』怎麼單單留戀一座小小的彭城？」

項羽說：「普天之下都是我的土地，我想去哪裡就去哪裡！」

韓生不死心，搬出了范增：「亞父臨走之時，告誡大王不要離開咸陽。如果一定要離開，也等亞父回來再說。」

項羽說：「我縱橫天下，所向無敵，我的見識范增怎能盡知？不要多嘴！」

韓生轉身，走下台階，仰天長歎：「人們常說楚人沐猴而冠，果真如此！」

項羽聽到此語，直覺認爲是罵人的話，但是不明就裡，便問陳平。

陳平不敢隱瞞，只得輕聲啓奏：「這是一句訕上之語。意思是把楚人比作猴，戴著帽子，但是始終不是人。另一層意思是說：猴沒有耐性，雖然穿著人的衣服，戴著人的帽子，但是心中焦躁不安。還有一層意思是說：猴雖然著人衣冠，但是由於不是人，穿戴很好也要被弄破。」

項羽聽完，破口大罵：「老畜生！老匹夫！你竟敢罵我！」罵完，喝令執戟郎官韓信，「將韓生這個老賊押赴刑場，油烹示眾！」

人們聞訊，紛紛跑來看項羽烹人。

韓生被押到滾滾的油鍋邊上，臨死仍想表明忠貞，高聲說：「咸陽百姓，我今日被

烹，不是我當了奸臣，犯了法度，而是項王聽信奸人造謠，刻意遷都彭城，我再三苦

諫，所以被烹！不過數月，劉邦必然復取三秦大地。楚人真是沐猴而冠啊！」

韓信對韓生說：「諫議大夫，你少說兩句不行嗎？省點力氣吧！項王要是知道了，

恐怕連累我們！」

韓生說：「皇天后土，昭鑑不遠，今日受烹，實為冤鬼！」

韓信說：「你因諫被烹，百姓認為你是屈死，我倒認為你活該！」

「我何罪該死？」

「你身為諫議大夫，當諫的你不諫，不當諫的你死諫，難道不是活該？項王殺卿子

冠軍宋義，偏將殺主將，你為什麼不諫？項王坑殺秦降卒二十萬，秦國百姓因此恨之入

骨，你為什麼不諫？殺子嬰，屠咸陽，掘秦陵，燒阿房，分封諸侯，放走劉邦，你為什

麼不諫？事到如今，弊端日深，病入膏肓，你才想起勸諫，不是太晚了嗎？你自取殺身

之禍！范增比起你又如何？他尚不能諫，何況你我？你今日受死，不怨項王，只怨那造

謠之人。那個造謠之人，曾經燒毀棧道，現在正在人群中看著你。如果捉他出來，便知

其中緣由。」

張良果然就在人群之中，聽了此話，躲在人後，不敢作聲。看完韓生被烹，偷偷調

查韓信住處，盡知底細。

第二天，張良背著前日入關之時，在秦宮中所得的一口寶劍，白天在市中閒逛，直

到黃昏時刻，月色初上，才來到韓信府前，求門吏通報。

韓信聽說，感到奇怪：我在淮陰貧賤，沒有知心朋友，怎會突然有同鄉造訪？

這時，張良已經立於階下。韓信一見，覺得有些面熟，忙請上廳，分賓主坐下，問：「賢公從哪裡來？高姓大名？有何貴幹？」

張良說：「我雖是將軍同鄉，但是久出在外，將軍當然不認識。先人曾留下寶劍三口，都是稀世珍寶，不敢標價出賣，只得遍求天下豪傑，先觀人，後賣劍。現在已經獻出兩口，只有一口尚未找到買主。將軍與我同鄉，實屬天下英雄，特來賣劍給你。」

韓信心中有一種得到承認的興奮，起身向前說：「韓信自從歸附楚國以來，沒有人知道我是什麼人。如今先生持劍到此，又蒙過獎，實不敢當，只求一睹寶劍為快。」

韓信平日最愛寶劍，眼下拿著珍貴的劍，雖愛不釋手，但因囊中羞澀，不便問價，便來了個迂迴之問：「先生原有寶劍三口，不知另兩口賣了多少價錢？」

張良說：「剛才我已說過，先看人，後賣劍。尋得合適的人，就將寶劍贈送。將軍實屬天下英雄豪傑，特來相見，以劍相送，不談價錢。」

韓信忙致謝，說：「承蒙先生不吝賜劍，但恐怕韓信不能與寶劍相匹配。」

張良說：「如果人劍不匹配，縱使黃金萬兩，也不輕易出賣。」

韓信大喜，忙令僕人置酒相待，問：「先生的寶劍，是不是都有名稱？」

張良說：「祖上流傳寶劍三口，每口都有名稱和來歷。一口叫做天子劍，一口叫做

宰相劍，一口叫做元戎劍。天子劍，又名白虹紫電，宰相劍，又名龍泉太阿，元戎劍，又名干將莫邪。白虹紫電，是吳王夫差劍名，掛在壁上，邪魅遁形，諸怪斂跡。龍泉太阿頗有來歷：有一個叫做雷煥的人，看見牛槽之間常有雲氣蒸騰，光芒掩映，他在有光之處進行挖掘，得到兩個石匣，裡面藏有寶劍兩口，一口叫做龍泉，一口叫做太阿。干將莫邪，是吳王闔閭令人所造的雌雄二劍，雖是人間之物，但是也按天時，應星斗，合陰陽，依地利，爐火錘煉十數年，方才鑄成。此劍打磨有法，修造有度。此外，各劍所持之人都必須有八德，才能佩戴。」

「天子劍是哪八德？」

「仁、孝、聰、明、敬、剛、儉、學。」

「宰相劍是哪八德？」

「忠、正、明、辨、恕、容、寬、厚。」

「元戎劍呢？」

「廉、果、智、信、仁、勇、嚴、明。」

韓信感歎說：「先生的劍經和寶劍，真是天下奇絕。不知另外那兩口寶劍，分別賣給何人？」

張良說：「天子劍前日賣給豐沛劉邦，宰相劍賣給沛縣蕭何。」

韓信聽罷，笑著說：「先生將寶劍賣給漢王和蕭相，真是劍得其人，人得其劍。而

今準備將元戎劍賣給我，我素無重名，又無為將八德，怎能匹配？」

張良說：「將軍才學，就連孫武、吳起都比不上，只是未遇伯樂，雜於槽櫪之間，辱於奴隸之手，與庸馬一般無二。如遇伯樂，見到知己，長嘶大鳴，追電絕塵。古人曾說：『自北長鳴天外遠，臨風斜掛日邊還。』將軍眼下暫居人後，未得其時，未遇其主。如遇真主，恰逢其時，言聽計從，樞天動地，變風化雲，哪理是碌碌無為之輩？」

韓信聽到此處，心中之情難平，不覺長吁短歎：「先生金玉良言，洞徹肝膽。我在項王門下日久，一籌莫展，百計難言。我多次上書，次次石沉大海，常常險遭不測。項王如今又要遷都彭城，大勢已去，我也將重歸故里，圖個苟延殘喘而已。」

張良見已收到效果，順勢說：「將軍不必如此，良禽擇木而棲，賢臣擇主而事。依將軍的才能、將軍的抱負，難道甘心去做淮陰城下的釣翁嗎？」

韓信長歎一聲，「先生所言，議論精闢，言談動人，哪裡只是贈劍，定有深刻涵義。我於明月之下，燈燭之前仔細觀察，先生莫非是韓國張子房？」

「久慕將軍大名，不敢貿然晉見。今夜來訪，實有深意。將軍既然看破，我也不便隱瞞，我就是張良。」

張良就這樣為劉邦找到一位興漢破楚的大元帥。史書對此不作記載，但是民間世代相傳，足以補缺。

韓信握住張良的手，大笑道：「先生才是天下英雄豪傑，人中之龍，我輩不過小蛇而已。我也想投靠漢王，還望先生指點迷津。」

張良說：「漢王劉邦是一位忠厚長者，目前雖然暫居漢中一隅，終必成就大事。若聽從我的愚見，我有一物交給將軍，作為入漢憑證。」說著，從內襟裡取出角書一封，「我與漢王和蕭何約定，以此書為憑，就是破楚元帥。將軍小心收好，不可丟失！」

韓信說：「先生已將三百里棧道燒絕，還有什麼路能到漢中？」

張良從書袋中取出一卷地圖，「圖上所標，都是山間羊腸小徑，從斜谷進入陳倉，轉過孤雲雨腳山，繞到雞頭山，可近二百里。將軍他日襲取三秦，就走這條路，可獲全勝。這條小道，當地人也不知曉，務必嚴守機密，不可輕意示人。」

韓信收好角書、地圖，問：「先生今後作何打算？」

「等到霸王遷都彭城之後，我會去遊說天下諸侯，叫他們聯合反楚，使項羽無力顧及三秦。將軍可以從容用兵，輕定三秦，然後圖謀天下。」

兩人當夜同眠，密談甚久。

次日，張良另去幹自己的事。韓信在咸陽沒有家小，只有門吏二人，負責在外看門，家僮二人，負責服侍日常生活。他暗中打點行裝，很快便備妥盤纏，寫好家書，並派家僮去淮陰探視家小。

這時，項羽已經下令準備遷都，韓信專去拜訪陳平，尋求穩妥的脫身之計。

他早就看出陳平有心去楚歸漢，試探說：「項王遷都彭城，漢王必然出兵三秦，恐怕關中終非項王所有。」

陳平說：「近日項王所作所為，自以為天下無敵，卻無長治久安之策，哪有不敗之理？漢王長者，必成大事。將軍雄才，在此碌碌無為，不如背楚歸漢，施展宏圖。」

韓信說：「我也有此心，但恐沿途關隘阻絕。」

陳平說：「我有衙門印信文書，讓將軍隨身攜帶，自然暢通無阻，只須說去漢中探聽軍機大事。」

韓信拜謝，「幸得先生此等文書，勝過千金之賜。他日如得尺寸之進，不敢忘今日大恩大德。」

陳平說：「將軍保重，他日離楚歸漢，還望將軍提攜。」

韓信得到文書，次日早起，帶好行裝，吩咐門吏：「我去城外訪友，兩三日才能回來，你們小心看守，不可有誤。」

吩咐完，匹馬出城，往漢中大道急行而去。

范增回到關中，得知劉邦已去漢中，惶恐不已，急忙派人嚴守各地關口，嚴密盤查過往行人。

韓信去了五日，毫無音訊。門吏無奈，只得報告上去：「不久以前，有人夜訪韓將

軍，說了一夜。其後又打發家僮回原籍看望家小。五天之前，叮囑小人，說是出去訪友，三日可回。可使他卻一直沒有回來，我們四處尋找，沒有一些蹤跡。我們怕韓將軍有什麼長短，所以前來稟報。」

范增聽到報告，跺腳大驚：「我每天放心不下的就是這個人！為此我曾多次勸諫項王，若留此人，必須重用；如不願用，務必殺之。今日讓他走了，必然投奔劉邦，我心中又生一疾。如果不追回來，我晝夜不得安寧！」

范增立即入報，項羽大怒：「懦夫，竟敢背我降漢！」

范增說：「韓信很有見識，我向大王屢次推薦，大王都不進用。今日讓他跑了，一定會去投靠劉邦，必為後患！」

項羽說：「他沒有通關批文，關上必然阻攔，能逃到哪裡去？」說完，急令鐘離昧：「速帶兩百輕騎，快把韓信給我擒來，碎屍萬段，以儆效尤！」

鐘離昧驅兵追趕，可是沿路關將皆說韓信隨身帶有印信批文，聲稱緊急公事，不敢阻攔，已過去幾日。鐘離昧立即飛檄三秦，著他們追趕捉拿，自己回報項羽。

項羽卻又改口說：「既然已經逃遠，去了也不足為患。算了吧！一個胯下懦夫，能成什麼大事！」

韓信出了散關，進入三秦與漢中雙方共管之地，來到三岔路口，取出地圖尋找進入

漢中小路。不久，剛好一個傳令兵過來，吩咐游兵：「你們如果遇到匹馬單騎過來，要細查看批文名字，不是韓信，方可放行。」

游兵說：「方才正好過去一人，匹馬單騎，不曾詢問姓名，何不趕上尋問一聲？」

傳令兵馬上追去查問：「將軍姓啥名啥，有何公幹？」

韓信說：「我姓李，去漢中探親。」

「有批文嗎？」

「有。」

那人硬要取看，韓信取出批文，假裝遞過去。說時遲，那時快，用張良「賣」給他的那口寶劍，一下把那個傳令兵給刺死。其他游兵一齊追將上來，韓信匹馬向前，劍光閃處，游兵們全成了無頭之鬼。

殺死幾個游兵，自然不會費去很大力氣，韓信沒有戀戰，急忙調轉馬頭，往西南小徑急進。

韓信從小在江南生長，從未見過蜀道之難，對一切都覺得十分新鮮。小道兩旁，潤水潺潺，清清水波，絕壁千仞，林木森森。如此險峻之地，馬不能馳行，人不得縱情，只得勒馬緩行，小心翼翼，東張西望，就是弄不清陳倉路口到底在哪裡。

正在猶豫之際，山坡那邊冒出一位樵夫來。

韓信忙問：「樵哥，請問哪條路可往陳倉口去？」

樵夫放下柴擔子，極為熱情，比手劃腳地說：「繞過小山崗，有片小松林，松林下面有一塊亂石灘，再過一座石橋，是蛾眉嶺⋯⋯」

韓信對照地圖，發現樵夫所說分毫不差，拜謝後，策馬向前走去。

行不多時，他心想：不對！章邯等人知道我殺了軍士，一定會從這條路上趕來，如果樵夫說出我的去向，那就糟了！

當下也不遲疑，調回馬頭，又叫住樵夫。樵夫剛一回頭，韓信手起劍落，將之殺死，把屍體拖到山坳下，用黃土掩埋起來。

離去前，韓信兩眼垂淚，納頭下拜，抬頭向天禱告：「不是韓信我沒有道義，實在是萬不得已。他日如果有出頭之日，一定重新厚葬，報答你的大恩大德。」

第 16 章

入漢中

韓信說：「才兼文武，學貫古今，取天下易如反掌，可為破楚大元帥，榜文內怎麼沒有開列這一種？此種最為重要，其餘十三種都只是一技之才，不足以囊括韓信一身所學。」

有一天，老狐狸帶著剛出生不久的兒子，到野外練習求生的本領。老狐狸要兒子從高百餘尺的山谷往下跳，並說道：「你不必擔心，我會在下面接住你的。」

小狐狸縱身一跳，卻摔得傷痕累累。

牠疑惑地看著父親，老狐狸表情嚴肅地說：「沒錯，這就是求生的第一要事──即使親如父母，也不能完全相信。」

韓信費盡心力，好不容易來到漢中首府南鄭。看不盡通城景致，不知不覺來到一個叫「招賢館」的衙門。衙門旁邊懸掛著招賢榜文，招攬各類人才。

看完榜文，他問左右看榜之人：「請問，掌管招賢的官員是什麼人？」

看榜人回答：「掌管招賢的人是滕公夏侯嬰，漢王封他為汝陰侯。滕公為人好賢下士，不拘小節。」

韓信聽到此言，暗暗盤算，如果到相府拜見蕭何，呈上張良角書，必然馬上富貴臨門。可這是因為張良推薦，我才得到顯赫，顯不出本事。不如將角書隱藏起來，先見滕公，再去見蕭何，將我平生本事表現，讓天下之人瞭解我不是碌碌無為之輩。古人曾言，難進易退；突然身居高位，恐怕最終難以得到大用。

《史記》等書記載，韓信到了漢中，當一個小官，犯了法當斬云云，此與他的智謀和性格似乎不符，姑且取小說家的論點敘述之。

韓信填好表格，進去拜見夏侯嬰。

夏侯嬰見來人相貌堂堂，暗中思忖：此人之名我曾聽說，原是楚臣，如今「不遠千里來投，其中恐有緣故。

他隨口問韓信：「賢士從哪裡來？曾經幹過什麼事？」

韓信說：「我是楚王舊臣，因不得重用，特地離楚歸漢，從咸陽趕來。」

滕公夏侯嬰又說：「棧道已經燒絕，道路十分崎嶇，敢問賢士從哪條路來？」

韓信說：「我一心報效漢王，不怕山高路遙，攀藤攬葛，跋山涉水，忘路所在，忘卻勞頓。」

滕公讚道：「賢士妙語！既然已看榜文，不知對哪一種工作最為拿手？請根據自身情況選擇一種，以答應對、考核。」

韓信說：「榜上十三種都能幹好，只是現缺一種，未曾開列。」

夏侯嬰問：「敢問賢士，還有哪一種未曾開列出來？」

「才兼文武，學貫古今，出將入相，坐鎮中原，威撫華夏，有百戰百勝之術，取天下易如反掌，可為破楚大元帥，榜文內怎麼沒有開列這一種？此種最為重要，其餘十三種都只是一技之才，不足以囊括韓信一身所學。」

夏侯嬰一聽，大吃一驚，連忙請韓信上坐，施大禮說：「久聞賢士之名，一直未睹尊顏。如今不辭辛勞，遠道而來，不只是我夏侯嬰一人之幸，也是漢王之幸，天下社稷

兩人交談多時，很是投機。

夏侯嬰說：「我明日拜見漢王，奏明賢公之才，必然重用。」

韓信說：「明公不用急於奏告漢王，煩請引見蕭丞相。」

夏侯嬰許諾，韓信告辭而出，自去店中歇息。

當日晚上，夏侯嬰專程到相府拜見蕭何，向他報告韓信棄楚歸漢一事。

蕭何說：「韓信這個名字，我也聽說過。此人出生低賤，釣魚淮下，乞食漂母，惡少污辱，甘心出於胯下，後來投奔項梁，項梁死後又追隨項羽，只得到一個執戟郎的官位，范增屢次推薦，項羽輕視他的出生和經歷，不肯委以重任。大概是楚國不用，特來投漢。如果漢王知道他的來歷，恐怕也不肯重用。」

夏侯嬰說：「此人未得其主，未遇良機，如得重用，必然建功立業，絕對不會辜負推薦之人。」

蕭何說：「明日請來相見，再做定論。」

第二天，夏侯嬰親自到客店之中，禮請韓信去見蕭何。

丞相府第，戒備森嚴，真是侯門深似海。伺候官先進去報告，門吏官出來詢問姓名，然後再去報告丞相，最後才出來一位官員，請韓信拜見丞相。

之幸！」

韓信進到堂下，蕭何已候在那裡，拉著他的手進入堂內，裡面沒有設座位，兩人站著交談。

蕭何說：「滕公稱讚賢公大才，今日幸得相見。」

韓信說：「我在項王手下，聽說漢王賢明，丞相好士，思賢若渴，因此不顧山高路遠，不遠千里而來。到此多日，方才見到滕公。昨天拜會，未見思賢氣氛。今天拜見丞相，我突然覺得一場辛苦全是白費，恨不得馬上回歸故地。我寧可老死桑梓之鄉，也不願仰人鼻息！」

蕭何問：「賢士尚未脫穎囊錐，怎麼剛一見面就變了臉色呢？」

韓信說：「不逢良機，不遇知己，未曾歃血，怎麼就會脫穎囊錐？那豈不是王婆賣瓜，自賣自誇嗎？」

蕭何道：「敬聽賢士高見。」

韓信答說：「古代齊王喜歡聽瑟，聽說有一位賢士擅長鼓瑟，再三派使者去請，那位賢士不得已來到齊國。齊王高坐大堂之上，下令為他鼓瑟。賢士心中不悅，說：『大王如果不喜歡聽瑟，我也不會來這裡。可是您如果喜歡聽鼓瑟，就應該焚香賜座，我才好盡心為大王鼓瑟。現在，大王高坐華堂之上，而我卻像一個奴僕似地站著，如此低賤之人，怎麼能讓高貴的大王快樂呢？』鼓瑟之士尚且以立於王側為羞，何況丞相目前處在吐哺握髮之時，為國求賢之機，企盼治國大計，可是卻倨傲賢士，我怎麼有心思留在

這裡？」

蕭何本想以此試探韓信，看他機靈如何，品性怎樣，一聽語出驚人，急忙禮請上座，深深致歉說：「蕭何無知，有失待賢之禮，還望賢公海涵。」

韓信說：「丞相為國求賢，我也傾心圖報，都不是私人之事。」

蕭何說：「希望賢士暢談天下形勢，闡述天下安危和治亂之機，審視天下強弱變化之勢。」

韓信說：「關中之地，披山帶河，天府之國，自古以來為帝王建都之地。霸王離開關中，建都彭城，失卻天下之形勝地勢。漢王雖然左遷漢中一隅之地，但是正好養精蓄銳，正如虎豹在山，項王不能用其能，這是失中之得，禍兮福所倚。項王擁有九郡，勢力強盛，天下無敵，但是天下諸侯表面害怕其強，內心卻常懷背叛之心，禍害深藏於不測之中。外面看似乎平安無事，骨子裡卻包藏著無窮禍水，反而不如漢王處僻遠之地，可以從容收取天下人民之心，招賢才納良士，諸侯無力侵犯疆土，可保長久安定。項羽遷都彭城，弒殺義帝，大逆無道，天下謂之逆楚，與暴秦一般無二。荊襄湖南百姓，正在糾合民眾，準備討伐其罪，不用多久，天下必將大亂。明明形勢危如累卵，項王卻漠然不知，自以為強大，天下無敵，這就是實實在在的匹夫之勇，怎麼能取信百姓？漢王初入關中，秋毫無犯，與民約法三章，廢除秦國苛法酷刑，而今雖然被迫遷往南鄭，但是天下百姓正在翹首以待，盼望回兵三秦。漢王一旦舉兵東進，天下之人莫不簞食壺

漿，迎接王師，引歸依。天下之人，誰不願為漢王之民？章邯、司馬欣、董翳三人率數
十萬兵降楚，被項王坑殺在新安城南，三人卻瓜分秦國大地，秦民恨不得吃他們的肉，
喝他們血，項王用他們阻止漢兵，這無異於把關中大地拱手送給漢王。漢兵一旦東征，
百姓必然依附，三秦大地一舉可定。天下形勢的安危、治亂、強弱，不是一目了然嗎？」

蕭何說：「賢士以為，楚國可伐嗎？」

「依目前形勢，項王東遷，天下諸侯紛紛反叛，百姓正處於水深火熱之中，急思得
到天下明主。三秦坐享其成，毫無準備，正是舉兵討伐的大好時機。失去如此良機，而
不先佔領三秦大地，一旦齊、魏、燕、趙等國有識之士進獻一言，舉兵西進，占咸陽、
定三秦，阻塞要道關隘，漢兵必然老死漢中。」

蕭何聽到這裡，前傾附耳低聲說：「前些日子，張良已經燒絕棧道，漢兵即使決心
東征，也無路可走，該如何是好？」

韓信笑著說：「丞相為何如此欺人？前日燒絕棧道，一定有人早與丞相商議停當，
另有良謀妙計，漢兵才可能放心放火。豈有自斷歸路之人？此舉不過讓項王明白，漢王
絕無東征之意，令楚國不做準備而已。瞞得過項王，豈能瞞得了有識之士？」

蕭何聽到這裡，笑容滿面，離座下拜，說：「自從進入漢中以來，再也無人詳談此
事了。今聞賢士妙言，真是醍醐灌頂，如醉方醒，好不痛快！快備車馬，載賢士回私宅
稍坐！」說完，先差人前去備辦盛宴，為韓信接風洗塵。

蕭何邀請韓信來宅府，酒完席罷，兩人又開始討論為將之道。

蕭何說：「將帥乃三軍之靈魂，國家安危之所在，事關社稷大事，賢公對此有何高論？我願細細聽聞，切望不吝賜教。」

韓信說：「為將之人，必須弄清楚五才十過。五才，指的是智、仁、信、勇、忠。智者遇事不亂，仁者寬厚愛人，信者恪守信用，勇者天下無敵，忠者肝膽相照。為國大將，有此五才，方能率領三軍。十過指的是有勇力，但是冒險捨死、遇急事而情亂心迷、逢良機，便貪心好利、懷仁義，卻不厭惡邪凶、有智能，卻不知退讓、守信用，卻輕信他人、性廉潔，但苛刻寡恩、腹有良謀，但不當機立斷、知退讓，但喜歡任用兇悍之人、生性剛毅，但失之武斷。國家之將有此十過，那麼將難以為將。因此，善於用兵的將帥，必須具五才，去十過，如此則謀無不成，事無不就，橫行四海，平定天下。」

蕭何說：「賢公談談，當今為將之人如何？」

韓信說：「當今為將之人，有的有勇無謀，有的有謀無勇。有的依仗自己的才能，而目空一切。有的表面恭順，但內心高傲。有的看重高位，而輕視低職，也有的稍有成就即高高在上，更有的誇大自己的長處，而詆毀他人的成績，掩蓋自己的過失，誇大他人的不足……如此等等，都是當今為將之人的弊病。」

蕭何說：「如果賢士為將，會有什麼舉措？」

韓信說：「如果我為大將，兵馬未動之時，穩如山嶽之重；兵馬一出，行如江河之

勢，變化如天地那般自然，號令像閃電雷鳴那樣分明，賞罰如四季變化那樣合乎規律，運籌謀劃如精靈神鬼莫測，決勝於千里之外。天上地下，無所不知，內外外內，順乎自然。十萬之師，百萬之兵，分辨明晰，統籌兼顧，曲直圓扁，其妙全盡。洞察古今，精明易理。定安危之計，決勝負之機，神立用之極，藏無窮之妙。奇正相生，陰陽相配，然後容仁、立禮、裁勇、成信、守義……」

韓信說起話來，有如長江黃河，一瀉萬里。蕭何不由心想，漢王真是天生的好福氣，天賜如此良將！興漢破楚大元帥，捨他其誰？

第二天早朝完畢，蕭何邀夏侯嬰一起去見劉邦，啟奏：「我們近日在招賢館招到一位賢士。此人見識高遠，滿腹韜略，有藏龍臥虎之才，神出鬼沒之計，可為破楚元帥，請大王重用。」

劉邦說：「這位賢士是何方人士？各方面的詳細情況如何？兩位請細細道來，我當量才錄用。」

蕭何說：「此人姓韓名信，淮陰人氏，曾任項王持戟郎中。多次上策項羽，項羽不肯重用，因此去楚歸漢，不懼路途艱難，隻身單騎來到漢中。我等經過多次策對、考察，即使古代名相勇將，如伊尹、姜子牙、孫武、吳起之徒，也不能超過他。」

劉邦說：「我在老家當亭長的時候，曾經聽說過此人。他乞食漂母，受辱胯下，無

法自養，鄉人尚且輕賤。丞相、滕公舉薦這樣的人為帥，必遭諸侯恥笑，三軍不服。要是讓項羽知道，還不說我是瞎子？」

蕭何伏地頓首說：「古代大將大多出身寒門，大王怎麼能憑門戶之見，便確定人才取捨？伊尹是草野匹夫，姜太公是渭水河邊的一個釣翁，管仲是齊桓公手下的一個俘虜，但是一經重用，都創下奇功偉業。韓信雖然出身寒微，但是心懷良謀，腹有大志，實為當今天下奇才。大王如果拋棄不用，一定投奔他國，這等於丟棄價值連城的玉璧，打碎和氏之寶。敬請大王聽從下臣之言，重用韓信，打敗項羽，重取三秦，再進咸陽。

如果舉薦失當，我等甘受舉薦不當之罪！」

劉邦實在脫不下蕭何、夏侯嬰的面子，只好說：「既然你們真心舉薦，那就叫韓信進來相見。」

韓信在蕭何府中聽到漢王召見，心想，漢王傳喚我入朝，就像叫小孩一般，肯定不予重用。果然入朝拜見後，劉邦說：「你不遠千里而來，但是未見才能，貿然大用，恐怕難以服人。如今缺乏一位管糧官，派你去做此官，試用一下，看看能力，希望你不要嫌棄。」

韓信安然接受，謝恩而退。蕭何、夏侯嬰內心深感不安，恐怕韓信不快。

韓信去到倉庫查點人員和存糧，只見他拿一把算盤，依照米堆數量，隨便一算，竟

不差毫釐。

倉庫老人見他此舉，拜伏於地，口稱：「以前的管倉大人，沒有一人能像您這樣精明神算！」

韓信笑著說：「不過是僕隸之職，有什麼了不起？」

至今民間仍傳說，韓信發現了破解無定方程式的秘訣。

譬如有這樣一個問題：一堆水果，三個三個地數，剩一個；五個五個地數，正好數完；七個七地數，剩三個。請問這堆水果究竟有幾個？

答案是：十個。

韓信解這類無定方程式的口訣是：

三人同數七十稀，五馬歸槽二十一，

七字頭上增三個，百字五個定根基。

肯動腦筋的讀者，可以自己想想其中藏著的道理。

第 **17** 章

月下追韓信

夜色漸漸降臨，一輪明月露出臉來，清輝均勻地灑落在曠野中、碧樹上、綠草間，一行人追到了寒溪邊上。不久，見遙遠的地方，有一人騎著馬，沿河蠕蠕而行。

差事分派下來，蕭何唯恐韓信心灰意冷，黯然離去，忙請到宅中置酒相待。

他首先祝酒說：「我們推舉你為破楚元帥，但是漢王怕你難以擔當如此重任，特地叫你做這樣一個小官，想先考察德、能、才、績。聽說你估算倉中米數，一算無遺，不知使用什麼方法，一下子便能夠知道如此大數？」

韓信說：「演算的方法很多，有小九之數，有大九之數。如果精通演算法，即使四海五洲也可算計無遺，何況倉中之粟？」

聞言，蕭何讚歎不已。

韓信又說：「倉中糧米日久變黃，應當儘快出陳易新，接濟百姓，實屬公私兩便。這是宰相的責任，丞相可以趁機施行。」

蕭何致謝說：「你說得很對，明日就就奏告漢王，遵教施行。」

韓信告別蕭何，回到倉庫，即令倉庫人員通風，防火，加強防衛，各方面的工作都做得恰如其分。蕭何、夏侯嬰等人知道，心中更加欣喜。

近日劉邦沒有上朝，蕭何只得寫下專條，交給閩吏入報。

劉邦傳言：「連日苦思東歸之計，未有良謀，明日再議。」

第二天，朝拜禮畢，劉邦召蕭何入內議事。

劉邦說道：「近日以來，我一直在思考著東歸之計，但是未有良謀，丞相到底有何妙計？」

蕭何說：「東征之計不難，只要找到破楚大元帥，馬上就可準備。」

劉邦說：「我想的就是誰可當破楚元帥之事。」

蕭何說：「大王不用這樣冥思苦索，只要重用韓信，大事能成！」

劉邦說：「韓信貧困之時，連自己都養不起，怎麼能夠擔此重任？」

蕭何將韓信近日處理倉庫的各種表現，細細陳述了一通。

劉邦說：「這只不過是一技之長，怎麼能憑此就斷定他可做元帥？」

蕭何說：「只看一技之長，就可知道韓信的其他才幹。此人真是大將之才，大王千萬不要錯過。」

劉邦實在拿蕭何沒辦法，便升韓信為治粟都尉。

韓信也不推辭，當上了治粟都尉後，興利除害，清正廉潔，不到半月，百姓交口稱讚。清官一到，天下安寧，百姓平靜。

蕭何知道這些情況，心中暗暗思忖，韓信的確不是等閒之輩，真是小用小效，大用大效。我為了國家，無論如何也要全力保舉！

他不死心又去拜見劉邦。

劉邦說：「我近幾天來，夜夜惡夢不斷，日日思念父母，不知何時才得相見？長期鬱鬱居住在這裡，心中十分煩悶！」

蕭何說：「以前齊景公狩獵回來，對晏子說：『我每天晚上都惡夢不斷，心中不

快！』晏子說：『大王做了些什麼惡夢，能不能說來給我聽聽？』景公說：『上山見虎，入澤見蛇，這到底預示著什麼呢？』晏子說：『猛虎居住深山，蛇蟲長在澤裡，怎麼能說是惡夢呢？國內現在有三件不祥之事，大王知不知道？』景公答說：『我不知道。』晏子說：『國家有賢士，而大王不知道，這是一不祥；知道了，卻不加以進用，這是第二個不祥；進用了，卻不委以重任，這是三不祥。』大王現在夜夢兇險，是有賢士而不能用的緣故吧！我日夜害怕的是，項王聽從范增之計，揮師西向，重新佔領關中，那時大王將如何去對敵？為此，我每天晚上都從夢中驚醒！」

劉邦說：「國中有賢人，哪有不用的道理？自從我到漢中以來，哪裡有什麼曠世奇才未得重用？」

蕭何說：「明明有一個大賢人在這裡，大王不加以重用，怎麼能說『哪裡有什麼曠世奇才未得重用』呢？」

劉邦說：「大賢才在哪裡？姓啥名啥？丞相說出來，我馬上重用！」

蕭何說：「我想舉薦，又怕大王嫌人家門戶低微，出身貧寒，舉而不用，反失賢士之心，導致四方雖有豪傑，都不願盡心出力。」

劉邦說：「靠！不要繞山轉水，快把這人尊姓大名說出來，讓我聽聽。」

蕭何說：「當今天下大賢，只有淮陰韓信！」

劉邦不高興地說：「丞相推舉兩次，我已加封兩次，怎麼能說不重用？」

蕭何說：「治粟都尉不能充分發揮韓信的才能，只有拜為破楚大元帥，才能留住。

否則韓信最終還是留不住！」

劉邦說：「爵位不可濫加，俸祿不能輕給。韓信初來乍到，我已經加封兩次。如今

未有功勞，就貿然加封元戎之職，其他將領必然會怨我賞罰不明。」

蕭何也不退讓，「自古聖帝明王用人之道，因能致用，隨才授職。韓信是國家的棟

樑才，大王只叫他做一個治粟都尉，這就是我屢次保舉的原因。沛豐以來的將士，雖

然屢建功勞，但是都不能跟韓信相提並論。大王這樣比較，實在是不知輕重緩急，臣不

得不據理力爭！」

劉邦知道蕭何赤膽忠心，但是他有自己的一套用人方式，便又推辭說：「我相信丞

相的良言，但也應該讓韓信稍緩幾日，等到張良推薦的元戎來到，這樣才不負昔日相別

之約。如果張良未曾保舉，或者保舉之人無能，到時再起用韓信也不遲。還望丞相理解

我的心意。」

蕭何實在再找不到什麼話好說，只得回到家中，差人請來韓信相敘，聯絡感情。

蕭何問道：「請問，你要怎麼攻下三秦？怎樣兵出棧道？怎樣兵伐楚國？怎麼收服

六國？」

韓信站起來，正言道：「我一直以為丞相知道用兵之規，今天從這些問話來看，恕

我直言不諱，您還是不知用兵。兵家打仗行軍，相機而動，因時因地變化，怎麼可以預

先幻想和遙測？水本無形，因勢而成形；戰爭本無規矩，因敵而制策。兵法的奧妙，在於鬼神不知其巧，父子不通其情，夫妻不說其理，隨機應變，哪有一定之規，預先說個甲乙丙丁？丞相不用下問，下官實在無法奉告，還望恕罪。」

蕭何聽了大喜，盛宴款待。

蕭何盛情款待，愛才之情溢於言表，韓信為之感動，但從言談舉止中，他也隱隱猜到了劉邦對自己的不信任。

到了晚上，韓信辭別蕭何，回到治粟都尉公館，分析目前的處境，知道如果不激一下蕭何，唯恐劉邦不知道自己的重要性，漢王舊將也不會服氣，即使再將張良角書獻上，怕也難以取信百官。

思忖良久，心生一計。

第二天下午，韓信吩咐門吏：「給我準備快馬，今夜五更我要出遠門。」而後將原先帶來的行李�16束停當，五更時分，匹馬單騎出東門而去。

門吏見他有出走之意，立即去報告蕭何。

蕭何早朝剛回，聽說韓信已出東門而去，大驚道：「如果韓信出走，我們只能老死漢中了！」來不及報告劉邦，急至治粟都尉公館查看。

門吏帶著蕭何來到韓信房中，舊物不剩，新物全部封存。

蕭何頓足嘆道：「我屢次舉薦，漢王不肯大用，今日果然讓他走了！如果不及時追

回，我們將終日不得安身!」立即帶著五、六個隨從，各備兩匹快馬，急急忙忙向東門奔去，詢問守門官兵。

門官回答:「稟報丞相，今日五更剛開城門，只見一位將軍騎銀鬃馬，背一口寶劍，直出東門而去。此刻至少已經走了五十餘里了!」

蕭何一行數人一邊追趕一邊詢問，沿途隨便弄些吃食，只拚命地追。

夜色漸漸降臨，一輪明月露出臉來，清輝均與地灑落在曠野中、碧樹上、綠草間，一行人追到了寒溪邊上。

寒溪是什麼地方呢?

清代道光年間有一本書叫《寧羌州志》，上面記載，陝西省寧強縣中有一條西流河，又名「寒溪」或「韓溪」。

南宋王象之《輿地紀勝》說:「『韓溪』，以相國追韓信至此而得名。」距離漢王都城南鄭約三、五十里。

又據《漢中府治》記載，說陝西省馬道河是蕭何月下追韓信處，古名「寒溪」。韓信出走至此，溪水夜漲，人馬難渡，才被追上。當地至今仍流傳一首民諺:「不是寒溪一夜漲，哪得炎漢四百年?」

「寒溪」在什麼地方並不不重要，重要的是蕭何此舉的千古涵義──沒有韓信，興漢滅楚大概只會是空談。

行至此處，蕭何等人早已汗流浹背，只得沿著河岸慢慢尋找。

不久，見遙遠的地方，有一人騎著馬，沿河蠕蠕而行。

蕭何放開喉嚨，大聲喊道：「韓將軍——」一邊快馬加鞭朝那個影子飛奔過去，抓住那人的馬轡，哽咽道：「韓將軍，為何如此絕情？相處日久，怎能不辭而別？將軍於心何忍？」

正在此時，又一匹馬飛奔而至。兩人一看，來人是滕公夏侯嬰。

蕭何問道：「滕公為何也來追人？」

夏侯嬰說：「我剛回朝，聽人報告說韓將軍匹馬出走，該是因為漢王未能大用，欲投他國，於是單騎追來，想不到被丞相捷足先登。足見丞相為國思賢盡忠，不懼山高路險，不怕辛勤勞累，真是千古賢相。」

韓信見蕭何、夏侯嬰殷勤懇切，極忠盡智，仰天長歎：「二位忠心赤膽，漢王當興！世間人臣多是嫉賢妒能，擅大權，開私門，舉枉措曲，好諛喜佞，結黨營私，哪個情願犯顏苦諫，傾力舉賢，屈己下士呢？二位的美名，足以千古流芳。有此賢相，漢室必興。韓信雖是駑馬之才，情願傾心效命，願為門下之客！」

蕭何抓住他的左手，夏侯嬰抓住他的右手，異口同聲說：「士為知己者死！我二人深知韓將軍有經天緯地的大才，足可定三秦，敗項王，但是漢王因為將軍門戶寒微，又未知你的大才，尚未大用。請將軍暫且忍耐一時，我們兩人情願以身家保舉。如果漢王

還不動心，我等便棄官回鄉，不願久居漢中之地！」

皓皓月光之下，韓信深深拜謝。

蕭何月下追韓信，好一齣千古名戲！

其實，韓信也不是真要逃走，否則，憑他之智謀，別人想追也沒法追上。況且，又能逃到哪裡去呢？

就像演員需要舞台，棋聖需要對手一樣，將軍也不能沒有戰場。

卻說劉邦上早朝，周勃等人啓奏：「關東將領思念故鄉，不願意在漢中過苦日子，已經有數十人逃亡。」

劉邦吃驚不小，大怒道：「自從起兵以來，蕭何哪有一天離開過我？諸將逃亡，情有可原，有的中途相從，有的糾聚而至，如今離去，不足爲怪。蕭何與我名爲君臣，實爲父子，怎能拋下我逃走？」

劉邦坐立不安，飲食俱廢，內心無比焦躁，「如失左右手」。

正當焦躁難忍之時，蕭何、夏侯嬰前來拜見。

劉邦一見，又喜又怒，破口大罵：「你這傢伙，跟著我這麼多年，哪裡離開過一天？近日諸將多有逃亡，你們也不辭而別！你說，爲什麼？」

蕭何回答說：「我不是逃亡，我是去追逃亡之人，實爲大王東征之事，力圖盡快恢

復關中！」

劉邦說：「你去追逃亡之人？去追誰？」

蕭何答：「韓信。」

劉邦仍是笑罵道：「諸將逃亡，你們不去追，卻去追一個韓信，演哪齣啊！」

蕭何說：「諸將易得，失去不足惜，得到也不足喜。至於韓信，國士無雙。大王如果希望久居漢中，不想再東取關中，安定天下，韓信的去留，不須掛心，也不必重用。大王如果大王要跟項王爭奪天下，除了韓信之外，其他人沒有這樣的本事。大王如果還不重用韓信為破楚大元帥，我們情願送還官爵，回歸故里，當一個耕田老農，以免將來成為項王俘虜。」

夏侯嬰也說：「丞相忠心耿耿，不是私愛韓信，而是為了國家大計，大王應該明白這個道理。」

劉邦說：「你們兩位只聽韓信一言半語，只看到他某一方面的才能，就認為他可為大將。要知道選擇大將，關係到國家的生死存亡。我聽了你們的言語，拜韓信為將，真能下三秦，破項羽，定天下，這算你們舉薦的功勞；如果韓信能言不能行，只會紙上談兵，臨事膽怯，逢戰敗退，不光我們要當俘虜，數十萬生靈都會無辜死亡。我之所以到現在還不敢輕易重用韓信，道理就在這裡！我知道這個韓信，他母親死了不能安葬，實在是無謀之輩；他寄食南昌亭長，乞食漂母，實在是無能之人；他甘受胯下之辱，市井

之人都認為他膽小怕事，這是沒有勇氣；他在楚數年，只當上一個執戟郎，實屬無用之人。無謀、無能、無勇、無用，怎麼能為大將？古人說得好：『有之於中，必形於外。』若有具體表現，方可取信於人。」

誰說劉邦平庸無能？他還真有一套用人的原則。

蕭何也是鐵嘴，說道：「真如大王所言，好像言之成理。但是，依我看來，恐怕未必如此！孔子在陳國、蔡國被人所困，不是他無能；孔子在匡被人所圍，不是無勇；最後，他不得不去創辦私學，不是他無用。韓信乞食受辱，只是生不逢時，不是無用；他事楚幾年，只當上一個執戟郎，實在是未遇明主。我等與韓信深入交談後，見他洞見肺腑，的確是天下奇才，絕不是紙上談兵之輩。我等日夜不安，冒死懇請大王，破格加以重用！」

聽了這話，劉邦倒也不生氣，只說：「今天太晚了，你們兩個回去休息一夜，明天我們再議。」

兩人回去後，對韓信說：「明日漢王開會，必拜韓將軍為大將！」

韓信一笑，「漢王還在猶豫，恐怕空勞二公之力。」

蕭何、夏侯嬰說：「漢王如果不拜將軍為大將，我們決定棄官返回故里，絕不相欺！」須臾，告辭而回。

韓信獨處室內，浮想聯翩，夜不能寐，心想：蕭何如此愛賢，為國不遺餘力，可是

漢王屢次不用，只不過嫌我家貧身賤。

想到這裡，心情久久難平。

韓信正在想心事，蕭何又來拜訪。

韓信忙整衣出迎，蕭何又來拜訪。

蕭何說：「丞相此時尚未就寢？」

韓信說：「我心中想著國家大事，怎麼能安心睡覺呢？今有一事，特地來問將軍。將軍在楚國之時，范增極能知人善任，當時一定舉薦過，韓將軍必定出良策過，可為什麼沒有聽聞？」

韓信說：「沒錯，范增極為賞識我，屢次推薦，但是霸王不聽。漢王出咸陽，歸漢中，燒棧道，我曾上表，可是項王不用。」

語畢，又把自己的表文背誦一遍，並略加分析。

蕭何聽完，大驚失色，「如果項王聽從將軍之計，我們再也不能出漢中一步了。西楚天下，堅如磐石！」

蕭何再拜，「將軍真是天下豪傑，所作所為均與常人不同！」

到了此時，韓信才把他隱藏張良角書之事說出來，並將角書呈給蕭何。

次日，蕭何、夏侯嬰拿著角書去見劉邦。

劉邦說：「丞相屢次舉薦，我都沒有採信，不想子房先生也有角書推薦，真是英雄

所見略同，看來韓信確有雄才大略。我見事不明，久逆愛卿忠愛之意。今日知過，即拜韓信為大將，略表我的歡意。」

蕭何說：「大王向來不講禮節，如今拜大將，就像呼喚小孩兒，韓信最終還是不會久留。大王如果要拜韓信為大將，必須選吉日設壇祭告天地，齋戒三日，方顯拜大將的隆重！」

劉邦採納了蕭何的建議。

將領們聽說劉邦準備拜大將，都很高興，「人人各自以為得大將」。但是到了拜大將的日子，發現大將是韓信，「一軍皆驚」。

拜將禮畢，劉邦上坐，問韓信：「丞相多次盛讚將軍大才，不知將軍有何良策？」

韓信拜謝，說：「大王準備東進，是不是想跟項王爭奪天下？」

劉邦說：「是。」

韓信說：「大王自己估量一下，在勇猛仁強方面，您和項王比較如何？」

劉邦沉默良久，不得不說：「不如項王。」

韓信點頭說：「我也以為大王不如項王⋯⋯」接下來，他當場分析了一番天下形勢及東征步驟，「漢王大喜，自以為得信晚」。至此，韓信終於登上大將寶座，去開創他的一番事業。真是一波三折，好事多磨啊！

第 18 章

權，要交給能幹大事的人

閱兵完畢，韓信派軍正曹參分發軍政條約，懸掛在各營之中，三軍將士務必反覆學習。想不到，軍紀十七條公佈的第二天，韓信五更即到教場，升帳點視，監軍殷蓋居然未到。

為將為帥，要起到將帥的作用，還必須有最高權力者的支持作為後盾，否則就只是一個虛名，無以立威，兵卒不懼。

韓信斬殺劉邦的至親殷蓋，劉邦反而嘉獎他，一方面替自己博得無私的美名，一方面也為韓信立威。

韓信被劉邦拜為大將，擔負起統一天下的重任。為何張良、蕭何、夏侯嬰等人，如此器重這樣一個母死不能葬、受辱不敢怒、乞食於人的人呢？

韓信的妙處就在這裡：太歲頭上也敢動土！

讓我們先從樊噲說起。

劉邦要拜大將，軍中人人自以為非己莫屬，等到拜將之時，方知這個高位竟被胯夫韓信獲得，「一軍皆驚」。

其他人都望「將」興歎，有怨不敢言，心中不滿而已。只有殺狗出身的樊噲實在嚥不下這口氣，便想仗著自己是劉邦的連襟，阻止他拜韓信為將。

劉邦也曾因此懷疑猶豫過，幸好蕭何等人立即阻止了樊噲，並下令拘押，才沒有在韓信拜帥一事上再生枝節。否則，在拜將之時發生恐怖襲擊也未可知。

拜將完畢，要怎麼處置樊噲呢？

劉邦看一看蕭何，突然生出主意，對眾臣說：「樊噲是我的親戚，跟隨我起事以

來，屢建戰功，我知道，眾卿也是有目共睹。但是這廝倚功傲世，衝撞車駕，口出狂言，全無君臣之禮，如不嚴罰，王令怎麼通行？韓元帥怎麼用兵？罪該斬首！偏偏我與他有親戚關係，唯恐處理起來有礙情義，今令丞相蕭何全權處理，不得營私舞弊！」

好一個劉邦，把難踢的球一腳傳給了蕭何。

蕭何如此聰穎之人，豈有不明主上本意的道理？便啟奏：「樊噲有罪當誅，但得讓我與群臣計議，把罪狀弄個明明白白，公諸於眾，以儆效尤，懇請大王恩准！」

劉邦點頭稱是，宣佈退朝而回。

蕭何隨後進宮，與劉邦計議。

蕭何說：「樊噲雖然有罪，但是他素有大功，忠心不二，如誅他，恐傷人心。而且大王理當明宣旨意，就殺有功之將，恐怕軍心不穩。不過，樊噲心中不服，不利韓信用兵。我與群臣計議，把罪狀弄個明明白白，公諸於眾，再請聖裁，這樣可正國家之法，也可立韓信之威。」

劉邦稱善，下詔曰：「朕拜韓信為大將，經過張子房角書推薦，蕭何再三考察，朕親自試用，確有真才實學。樊噲獨恃勞苦功高，違法不遵，口出狂言，肆無忌憚，如果縱容，定壞我國家大事！今令蕭何等人公議定罪，功難掩罪，依法當誅！」

蕭何捧詔而出，早已嚇壞了周勃等一班武將，紛紛向他求情。

經過蕭何上下周旋，劉邦下旨同意樊噲將功補罪，且需親到韓信軍前謝罪。韓信當

然明白蕭何、劉邦的用意，寬慰一番，自然無事。

樊噲又去劉邦宮中謝罪。

劉邦招呼他走上前，撫慰說：「你自從跟我起事以來，屢建大功，而且還在鴻門救了我，我怎麼會忘記呢？正因爲如此，更應該謙虛謹愼。你不想想，你的見識怎麼可能跟張良、蕭何相比？兩人一致舉薦，韓信想必是個奇才。況且，平時你不反對，偏偏要等到我的車駕已經啓程，馬上就要拜將，才攔車擋駕，口出狂言，實在是大失人臣之禮！如果不是蕭何出面維護，我一時大怒，將你殺了，功勞不是打水漂了嗎？這樣既壞了君臣大義，又失去親戚情分，我也會終身不安。你怎麼如此不爭氣？」說著說著，禁不住流下淚來。

樊噲也泣涕齊下，深深致歉，「是我一時思慮不周，如今後悔不及！我今後一定盡心報國，服從韓元帥的指揮，回報大王之恩。」

劉邦本無多大才能，但是他籠絡人心的手段古今罕見。一席話、幾滴淚，既安撫了久經沙場的樊噲，也爲韓信揚了名，立了威。

樊噲又去叩見蕭何，感謝相救之恩。

蕭何說：「將軍屢建大功，裂地封王指日可待，怎麼計較這區區名份？只要你盡心盡力，聽從韓元帥的指揮，何愁不大富大貴！」

一番巧妙斡旋，制服難馴的寵臣。韓信成就大功，實與蕭何密不可分。

韓信授職破楚大元帥，立即準備東征事宜。為了師出有名，他向劉邦上出師表：

伏觀時局變化，仰視聖德宏威；大王退居漢中，在巴、蜀稱王，實為明王之舉。但是大王欲圖天下，此地絕非久留之地，理當準備東征事宜。項羽實屬暴秦之餘孽，楚人之獨夫……謫遷諸侯，弒義帝，逆天篡位，建都彭城；誅子嬰於軹道，坑降卒於新安，屠戮咸陽百姓，焚燒秦國宮室……項羽大失天下民心，激起天怨人怒！大王乃天生聖賢之主，正該仗義正名，滌除殘暴，救萬民於水火，解百姓於倒懸。王師一出，百姓必將簞食壺漿，楚兵必將倒戈卸甲，三秦可以傳檄而定，六國可以不戰而取。此乃一統山河，萬世之帝業。恭請大王德民寬仁，興神武之師，創萬世之基業。

下臣韓信，誠惶誠恐之至，懇請大王傳令：興仁師，發義兵，雪左遷漢中之恥，復為王關中之約……

劉邦看了表章，心中大喜，立即封樊噲為先鋒、曹參為軍正、殷蓋為監軍，準備大駕親征。

韓信來到教場，見隊伍不嚴整，士卒不齊備，將佐不知陣法，不明進退，軍營安排雜亂不齊，忙讓人請酈食其前來商議。

韓信說：「這樣的兵馬和陣營，用來防守城池，維護治安，勉強可用。拿去攻城掠地，絕難取勝。今請先生到這裡，就是要討論隊伍如何排列，陣勢如何擺佈，奇兵正如

何配合，動靜如何協調。煩請先生組織數十百人，連夜繕寫有關規則分發各營。我先組織一個教導大隊，現在就開始練習。教導大隊再去各營指導，不出一月，隊伍自會發生變化，那時方可東征！」

酈食其佩服不已，拿著韓信早已準備好的文件，忙去安排文人抄寫，以此規則訓練全體兵將。起初士兵不服指揮，韓信立即下令斬首示眾，全軍肅靜。由此，一天一個樣子，隊伍面貌煥然一新。

訓練二十餘日後，韓信上表請劉邦到校場閱兵。劉邦看到閱兵表演，大吃一驚，沒想到短短時間，隊伍竟發生如此變化，大喜過望。

閱兵完畢，隊伍列隊聽令。

韓信向前，上奏劉邦說：「下臣身著甲胄，不便施禮，今有軍紀軍規奉上，望大王下詔告示三軍。」

劉邦早已看過，即命善讀之人當眾宣佈，其文略云：

西楚霸王項籍上違天命，弒義帝，下虐其民，殘殺百姓，惡貫滿盈，天人共憤。朕先入關中，當為關中之王，反而因功獲罪，被貶到漢中之地，實在忍無可忍。破楚大將軍韓信、各位大小將領、各隊軍士，征討逆楚，義不容辭。大將韓信代命行誅，不用奏請，大家都要聽從指揮。只能前進，英勇殺敵，立功重獎；後退半步，貪生怕死，犯過重罰。

將士聽罷，無不心驚膽顫。

閱兵完畢，韓信派軍正曹參分發軍政條約，懸掛在各營之中，三軍將士務必反覆學習。其條約略曰：

一、聞鼓不進，鳴金不退，旗舉不正，旗倒不扶，叫做悖軍，犯者斬首。

二、呼名不應，點視不到，違期不到，動作乖戾，叫做慢軍，犯者斬首。

三、夜間警報，懶惰不傳，更鼓違倒，號令不明，叫做懈軍，犯者斬首。

四、口出怨言，不敬主將，不聽號令，蠻橫不化，叫做橫軍，犯者斬首。

五、哄堂狂笑，蔑視規約，突馳軍門，肆無忌憚，叫做輕軍，犯者斬首。

六、弓弩斷弦，箭無羽鏃，劍戟不利，旗幟凋弊，叫做欺軍，犯者斬首。

七、傳播謠言，裝神弄鬼，借夢放毒，相信邪說，叫做妖軍，犯者斬首。

八、尖舌利齒，挑撥吏士，製造矛盾，叫做謗軍，犯者斬首。

九、毆打百姓，侵虐人民，調戲他人，姦淫婦女，叫做奸軍，犯者斬首。

十、盜竊財物，據為己有，奪人首級，據為己功，叫做盜軍，犯者斬首。

十一、私進要地，私問將領，打探機密，欲行不軌，叫做探軍，犯者斬首。

十二、將知其謀，兵知其令，洩漏外人，敵人知之，叫做背軍，犯者斬首。

十三、調用之時，閉口不答，面有難色，叫做恨軍，犯者斬首。

十四、隊伍行進，插前越後，高聲喧嘩，不服禁訓，叫做亂軍，犯者斬首。

十五、詐傷詐病，逃避征戰，捏傷裝死，逃避戰鬥，叫做詐軍，犯者斬首。

十六、主掌錢糧，徇私舞弊，任人唯親，士卒結怨，叫做弊軍，犯者斬首。

十七、觀敵不審，探賊不詳，虛報軍情，貽誤戰機，叫做誤軍，違者斬首。

條約公佈，三軍警醒。

韓信大軍之所以戰無不勝，與以上種種有密切關係，胯夫的神勇初現端倪。

想不到，軍紀十七條公佈的第二天，劉邦至親監軍殷蓋就撞到了刀口上。

韓信五更即到教場，升帳點視，監軍殷蓋居然未到。

他也不追問，下令三軍開始操練。

午時已過，殷蓋才從營外姍姍而來，抬腳就要進門，守門兵士擋住說：「元帥已經操練半日，各營都有軍令，不能隨便進出。如果要進軍營，必須通報旗甲，旗甲通報軍將，軍將再傳達軍政司，才能報告元帥。元帥下令進營，方可進來！」

殷蓋嚷嚷道：「怎麼這麼繁瑣？真是小人得志，就要作威作福！你們快給我說一聲，我要進營，看他韓信能把我怎麼樣？」

守門兵士依次通報，韓信叫巡哨兵拿著一面紅色牌子，來到轅門高呼：「違令遲到者進！」

殷蓋見狀，老大不悅，來到帳下，只是稍微打一個拱，就站在旁邊。

韓信說：「漢王早有聖諭，我也公佈禁令，你是監軍，這個時候才到，是什麼原

因？」說完，不等回答，轉身問司晨官：「現在什麼時辰？」

司晨官稟報：「午時已過，快到未時了。」

韓信說：「我曾經與你約定，今日卯時見面，你卻超過午時才到，故意違反軍令，依法斬首示眾！」

殷蓋不以為然地說：「下官雖然聽到將軍之言，但是今日親戚來訪，留坐飲酒，因此遲到。將軍暫免一次。」

韓信見殷蓋說得如此輕飄飄，怒從心起，喝令：「將監軍拿下，跪在帳下！」

兩名武士走上前，立即將殷蓋拿下，跪在帳下聽令。

韓信數落說：「你作為將領，難道沒聽說過這樣的話：受命之日，則忘其家；軍中相約，則忘其親；擂鼓進軍，則忘其身。既然以身許國，何必顧念父母親戚？」而後回頭問軍正司曹參：「違令來遲，違犯軍紀哪一條？」

曹參向前回答：「與軍約會，期而後至，犯慢軍之罪，當斬首示眾！」

韓信下令：「將殷蓋斬首示眾！」

殷蓋此時已經嚇得魂不附體，企盼有人替他到劉邦那裡通風報信。可是滿營將士誰敢擅離職守？又不是嫌命太長。

不過，早先殷蓋被擒之時，已有人快馬把這個消息報告了劉邦。

劉邦聽說，忙找蕭何計議。

劉邦說：「韓信尚未出兵，就先殺我一員大將，恐怕軍心不穩，你去跟他說說！」

蕭何說：「號令行不通，往往就是因為上級的關係。為了一個殷蓋而廢除法令，怎麼能夠管理三軍將士？韓信要斬殷蓋，正是為大王行法，怎能隨便勸止？」

劉邦焦急地說：「殷蓋是我至親，改為重責，免這一次！」

蕭何回答說：「王法無親，古人早有明訓。大王應該為了國家著想，而不是只以親情為念。」

劉邦見一時難以說動蕭何，又怕延誤大事，忙差酈食其拿著自己的手諭，求韓信免過一次。酈食其帶一個僕人，快馬加鞭向教場飛馳而去，只見殷蓋被綁在軍營外門，正要開刀問斬。

酈食其大叫：「刀下留人，我有漢王手諭在此！」說著便撞進門去。

守門軍官喝道：「元帥軍令，軍中不可馳馬！」一下子就把酈食其揪下馬來，押到韓信帳下，隨即上前稟報：「酈大夫駕馬馳入營中，我等不敢放入，今擒拿在此，請元帥發落！」

韓信說：「軍中早有禁令，營中不可馳馬，恐防奸人驟至，偷襲營陣。酈大夫熟知兵法，怎麼會違反軍令？」

酈食其說：「我持漢王手諭——」

尚未說完，韓信問曹參：「酈大夫該當何罪？」

曹參說：「突馳軍中，犯輕軍之罪，當斬首示眾！」

韓信說：「酈大夫王有旨在身，免去其罪，將僕人斬首示眾！」

軍令下達不久，殷蓋等兩人首級已懸掛營門上，大小將校個個膽顫心驚，再無一人敢違反軍令。

酈食其救不得殷蓋，回見劉邦，伏地叩頭請罪，細說韓信將殷蓋和他的僕人斬首示眾之事。劉邦發怒說：「有我親筆手諭，韓信居然理都不理，打狗也不看主人，真是豈有此理！」

蕭何勸道：「將在外，君命有所不受，這是爲將之正道，大王何故生此大氣？」

劉邦說：「將殷蓋斬首示眾，有何深意？」

蕭何說：「這正是所謂殺權貴而威眾心，讓三軍只知主將，而不知有敵國。兵法云：『內懼主將者勝，外懼強敵者亡』！大王得韓信爲將，何愁天下不平？」

酈食其也說：「韓元帥軍威嚴謹，深得用兵之法，下臣僕人雖然被殺，但是口服心服。破楚之人，必是韓信，望大王下詔獎勵，樹立韓信軍威，讓三軍知禁。」

劉邦聽了蕭何、酈食其之語，轉怒爲喜，差人重賞韓信。三軍將校聞聽此事，都覺韓信軍威嚴格，以後更是專心聽命。

韓信開門第一刀，就砍在劉邦親信的頭上。劉邦雖然內心不滿，可是仍從大局出發，給了更大的權力。最後之所以能奪取天下，這就是奧妙之一。

第 19 章

附楚，還是歸漢？

申陽部將押著張良，離開洛陽五十多里，來到去彭城的必經路口。這裡有一片森林，正當他們小心行走之時，林中突然閃出一員大將，當頭大喝：「來者何人？押解何人？快快留下買路錢，否則休想過去！」

獅子是山林之王，狐狸和灰狼總是對牠畢恭畢敬，又是恭維，又是送禮。

一天，獅子的腳被尖刺刺傷了，走起路來很不方便。狐狸和灰狼見了，急忙過去扶牠。

狐狸對獅子說：「大王，你還是坐著別動，有什麼事儘管吩咐我好了。」

灰狼也說：「以後你就整天躺著好了，我負責給你送食物。」

獅子被狐狸和灰狼侍候得舒舒服服，腳傷很快就好了。

不久後，狐狸和灰狼領著獅子在山林中巡視，故意把獅子引入獵人設下的陷阱中。

獅子奮力掙扎，模樣狼狽不堪，狐狸和灰狼看了哈哈大笑。

獅子大怒道：「笑什麼？還不趕快救我出去！」

狐狸向獅子吐了一口唾沫，說：「你以為你真是大王呀！你現在只是獵人的獵物，要什麼威風？我們才不救你呢！」

獅子大聲說：「別開玩笑了，救我上去要緊，我會大大賞賜你們的。」

狐狸向獅子投下一塊石頭，咬牙切齒地說：「以前在你的面前做孫子，你不知道我們心中有多難受。現在好了，這山林就是我們的了，想要什麼就有什麼，多好啊！」說完，和灰狼揚長而去。

狐狸和灰狼不是同類，甚至還相互敵對，但是，在共同的敵人獅子面前，牠們成了暫時的朋友。

劉邦進入咸陽，實際上統一了漢中、三秦大地，但他是要爭天下的，如此仍不夠，於是立即開始討論挺進中原、席捲江南的大計。

韓信首先發言：「大王如今破咸陽，佔領三秦大地，但關東有魏豹、申陽二王未勝，如果項王率兵來攻，聯合二王，我們勢必三面受敵，對漢軍極為不利。」

劉邦問：「那怎麼辦？」

韓信說：「尋找一位心懷韜略，極善遊說的人去遊說項王出兵伐齊，我率兵南破平陽魏豹，東破洛陽申陽，平定關東，項王也就不足為敵了。當然，對於魏豹和申陽，也可先禮後兵。」

劉邦便問：「哪位謀士願為寡人走一遭？」

中大夫陸賈說：「昔日大王西向伐秦，我在洛陽跟隨大王，後來進入漢中，至今已經三年，妻子父母俱在洛陽，不知存亡。臣一方面歸省父母，一方面勸說申陽歸漢，再到平陽遊說魏豹，估計兩王歸漢沒有問題。」

劉邦大喜，賞給陸賈十斤黃金作為盤纏。

陸賈辭別劉邦後，先回到洛陽家中，可喜父母妻子皆平安無事。父母告知，幾年來，申王長期供給米糧衣服，保證一家溫飽。陸賈內心感激，急忙整衣具禮，前去拜見。申陽聽說陸賈回家，高興異常，便要派人去請。人還未派，下人傳報陸賈求見。

申陽起身迎接，喜上眉梢，滿面春風，說：「自從大夫跟隨漢王西行，久去未歸，本王終日盼望大夫回來，以表思念之情。」

陸賈說：「我奉命西行，漢王每每苦留。我見漢王是個長者，只得步步跟隨，一直去了漢中。前日漢王大軍收復三秦，進入咸陽，所以有機會回家省親。承蒙大王厚恩，父母妻子得以存活，粉身碎骨難以報答！」

申陽問：「漢王為人如何？」

陸賈答：「漢王為人寬仁大度，撫愛文臣武將。如今韓信為大將，只不過幾個月的時間，便攻下散關，定三秦，進咸陽。郡縣聞風歸順，必成大事！」

申陽說：「我也聞漢王仁義，心想歸附。但是西楚勢力強大，不敢輕舉妄動。如我歸漢，項王知道，決不肯善罷干休，唯恐此位難保。」

陸賈說：「漢王近日兵強馬壯，韓信用兵如神，如果漢兵經過洛陽，你應去迎接，免遭他人攻打。」

陸賈本來想遊說申陽歸附劉邦，但是由於申陽待他甚厚，父母親人受其大恩，就安心居於洛陽，不想再遠行了。

劉邦在咸陽久等陸賈不回，心中正納悶，突然有人上報張良已經出了藍田，將到新豐，很快就會來到咸陽。他大喜，忙差灌嬰、曹參出城迎接，並傳旨備妥酒席。韓信聽

說，也派兩員將領去郊外遠迎。

聽到隊伍已進朝門，劉邦連忙步行到承德門迎接，拉著張良的手說：「很久不見先生，令我整日思念！」說完，扶張良上殿。

張良拜伏於地說：「自從辭別大王以來，雖然沒有日日侍候大王左右，我的心卻每時每刻在大王身邊。臨別之時，與大王相約的三件大事已經完成，所以現在才又回到大王身邊。」

劉邦扶起他，說：「先生妙算如神，三事皆如先生所料，我今日得出漢中，與先生在此相會，都是先生的功勞！他日定當勒名金石，永不覆滅。」

朝拜劉邦後，張良又與文武群臣見面。韓信近前道謝說：「承蒙先生舉薦，漢王破格使用，遂我心願，終身不忘先生盛德！」

張良說：「將軍初次用兵，就大顯身手，屢建奇功，威名大振，不負所舉！」

歡樂之宴，一言難盡。

次日，劉邦又與韓信、張良討論魏豹、申陽之事。

張良說：「陸賈回到洛陽，父母之邦，故土難離，怎肯遊說申陽歸漢？而魏豹名不副實，妄自尊大，陸賈絕對辦不好這兩件事。我得去走一遭，務使二王歸附大王，韓將軍方好用兵。」

韓信說：「近日我一直在想，只有先生妙算，才能說動二王歸附。陸賈之行，不過

藉此回鄉而已。」

劉邦道：「先生方來相會，不忍又勞遠行。」

張良笑著說：「天下紛亂，哪裡容得飽食終日？爲今之計，還應穩住項王。我將去書項王，勸他拚力伐齊，不讓他來攻打大王。」

張良辭別劉邦後，離開咸陽，編造好給項王的密表和齊、梁檄文，派專使送去彭城，然後趕赴西魏都城平陽。

項羽在彭城多次收到咸陽求救之書，又聽說劉邦已破咸陽，建都關中，郡縣望風歸順，不日就要東進，自是大怒，欲發兵攻打。

范增說：「我昔日屢次推薦韓信，懇請委以重任，如果不用，必須殺之，以絕後患。不想他今日歸漢，竟會幹出這等大事，實在令人難以忍受！」

項羽說：「章邯老而無用，司馬欣、董翳全是鼠輩，咸陽又無大將鎮守，因此誤中韓信奸計。雖然失此數處，也不足憂，量一名胯夫，何足道哉？我大軍一到，定叫劉邦、韓信束手就擒，如此才可消心頭之恨！」

項羽、范增等人正在議論，有人通報韓國張良獻上密表和書信。

項羽拆開密表，上面說：

韓國司徒臣張良，頓首上方大西楚霸王陛下：

臣良蒙陛下不殺之恩，放歸本國，得以安葬故主。日日入山採藥，臨溪飲水；夜夜宿於蓬萊仙洞，沉湎於煉熱金丹。然而，從未忘記陛下盛德。近日漢王欲招臣，臣以疾力辭。並非一招不往，即使百招也不敢往，只因齊、梁二國也來召臣，傳來檄文，語言狂妄，有圖天下之心。臣蒙陛下聖恩，既知齊、梁作亂，不敢隱忍不言。我猜依漢王見識，欲得關中，不敢東進。而齊、梁二國傳檄天下，志不在小，恐為陛下後患。請大王即發大軍攻打齊、梁，則大事能定。如果漢王有他志，大王轉兵西進，一鼓可擒……

項羽看完密表，又拆開書信，只見是齊、梁檄文，文中說：

天位以德而居，至大德盡大公；無德不足居天子之位。項羽、劉邦，受懷王之約，先入關者為王，天下諸侯共聞。劉邦兵不血刃，南入關中，當為秦王。而項羽違背懷王之約，左遷諸侯，大逆不道，弒殺義帝，既無德，又不公，實桀紂之流，亡秦之續。

……庶民百姓，人人可討之，個個可誅之……

怒！項羽大怒難禁，下令先滅齊、梁，再伐韓信。

范增看了張良的密表和齊、梁檄文，卻說：「陛下息怒，此書乃張良怕大王西征，故意激起聖怒，好方便劉邦行事。當然，齊兵勢大，不可不先伐，可從張良之計。但是，心腹大患實是劉邦，不可輕忽。請傳旨西魏，嚴加防範，阻止漢兵。大王先伐齊、梁，然後揮師伐漢，切切不可遲疑。」

項羽准奏。這次，竟連范增也中了張良之計！

西魏王魏豹聽說韓國張良來見，問左右說：「張良爲何到西魏？」

大夫周叔說：「張良是一個說客，即使是蘇秦、張儀也趕不上。這次來魏，一定是替漢王劉邦作說客，大王要小心對付。」

魏豹拔出配劍，說：「如果張良來遊說我，我這把鋒利無比的寶劍，正可用來誅殺此等狂士。」

周叔說：「張良是名士，天下人所共知，即使是西楚霸王也不會殺他。大王只要以禮相待，不輕易聽信他的話就行了。」

魏豹吩咐左右，請張良入內相見。

與張良施禮畢，魏豹說：「聽說先生在漢王麾下效勞，今天來此有何見教？」

張良說：「漢王伐秦經過韓國，借臣前往。漢王入漢中之後，我就已經告辭回到韓國。漢王近日東征入咸陽，屢次差人喚我。我久無功名利祿之心，但是念在漢王是一位忠厚長者，過去也曾受過他的知遇之恩，不去拜會他一次，有失人之常情。而今辭別，準備回國，正好路過西魏，聽說大王是一位有德之君，賢名響徹六國，路人稱頌不已。我平生仰慕威德，今日到了魏國，豈有不求一見之理？」

馬屁人人愛聽，魏豹聞言，心中高興，忙叫左右設宴款待。

酒席之間，再問張良：「今日又是六國縱橫，楚、漢分爭，憑先生見識，哪國當

興？哪國當亡？先生深曉天下之事，定有高見！」

張良說：「從天下大勢來看，漢當興，楚當敗。漢王出生之日，即有瑞兆。如今平定三秦大地，智取咸陽，天下回應，兩月之內，佔有地方五千里，非人力可為。我雖然是韓國人，聽說漢王進入咸陽，仍不遠千里，只求一見。各路諸侯都上表歸附，齊、燕大國納貢為臣。我夜觀天象，漢王必為天下之主。楚國今日雖然強大，但諸侯反叛此伏彼起，若有一天銳氣受挫，天下諸侯無不叛離，豈能長久？齊、燕之王知天命，識時務，一心歸漢，期圖久遠富貴榮華，真為遠見卓識。齊、燕尚且如此，何況其餘小國呢？人心如此，不用推論，也知漢當興！」

魏豹聽了張良之言，忙起身敬酒，說：「按先生的說法，漢王一定會得到天下，我也常常思考，雖然受封為王，卻是孤立無援，恐難長久。先生所言，牽動了我平日憂慮之心，欲將西魏歸附漢王，不知先生可否引見？」

張良說：「如果大王有心歸漢，漢王大度，必定會患難相保，與大王共享富貴，平日之憂可免。」

在屏風後面的周叔聽到這裡，深感不妙，忙從後頭走出，來到魏豹前面，說道：

「大王，切切不可聽信張良之言！如果項王知道，必然興兵與魏為敵，大王到時要怎樣對付？」

張良聞言，大笑不止。

周叔不解，「先生何故大笑？」

張良問：「我笑大夫不知強弱之變，不識時務之機，不曉得霸王為人。」

周叔答：「何為強弱之變？」

張良說：「秦將章邯被項王封為雍王，擁兵數十萬，鎮守西秦，西魏與他比較，誰強誰弱？然而，韓信兵出陳倉，智取散關，水淹廢丘，章邯授首，攻勢就如秋風捲落葉一般，哪裡像項王那樣久戰不絕，弄得師勞力竭？大夫剛才所言，就是不知強弱之變。」

周叔又問：「什麼叫不識時務之機？」

張良說：「天下有一定之時，一定之勢。當今天下，時與勢都未有定準。項王恃強暴虐，專行殺戮，雖然曾經分封諸侯，但是未得其時。漢王隆準龍顏，天命所歸，輕入關中，兵不血刃，知人善任，民心歸附。漢王得天時，審大勢，大夫卻不願歸依，所以說你不識時務之機。」

周叔繼續問：「霸王又是如何為人？」

張良說：「霸王記小過，忘大恩。齊、燕無過，封王未久，舉兵討伐，讓兩國國民無寧日。項王破齊、燕後轉攻魏，大王能與之抗衡嗎？由此可見，大夫不瞭解項王為人。城，雖霸諸侯，卻失去了人心，未得其勢。」

由此來看，西魏也難平安無事。不早準備，要是項王破齊、燕後轉攻魏，大王能與之抗衡嗎？由此可見，大夫不瞭解項王為人。

魏豹見周叔被張良駁得無言以對，忙說：「先生之論，正合我意。快寫文書，準備

禮品，同子房先生入關中依附漢王……」

張良一席話把魏豹、周叔一一說服，主動歸附劉邦，完成了他的第一項使命。接下來又準備親去洛陽說服申陽，臨行前與韓信密議。

韓信說：「陸賈一去不回，申陽恐怕不肯依附漢王，先生此去，必須……」小聲囑咐了一番。

張良大喜說：「我也是如此考慮！」

韓信又對樊噲、灌嬰說道：「你二人帶領三千人馬，一律聽從子房先生之令，確保大功告成。」

張良帶著二將及三千人馬前往洛陽。出咸陽不遠，吩咐樊噲、灌嬰如此這般，兩人引兵自去。

不出一日，張良來到洛陽，到王府求見申陽。

申陽正與陸賈談論國事，聞報忙問：「張良為何而來？」

陸賈說：「張良一定是替漢王作說客。大王有心歸漢，就聽從他的言語；如果一心向楚，可將張良押往項王處獻功。亞父范增深恨張良，大王一心歸楚，必然得到項王寵幸，這就是所謂害一人而成大事。」

申陽說：「我受項王之封，豈有歸附漢王之理？」

陸賈說：「大王既然依一心向楚，我暫且迴避。大王與張良相見，不能讓他開口，

即令武士擒拿，星夜押去彭城。」

陸賈知道張良天生辯才，只要一開口，申陽必定猶豫不定，所以獻此歹毒之計。申陽連稱妙計，傳令門官喚張良晉見。

張良許久才聽到召見之聲，心中早已盤算清楚：申陽商議多時方來喚，一定是陸賈定計要擒我，豈知我也算好等你了！

他不慌不忙，徐步入見申陽。

申陽在殿上見張良遠遠到來，早已手握劍柄，大呼：「張良是漢王說客。楚王有旨，遇到張良，立即擒拿，囚赴彭城！來人，給我拿下！」

武士一擁而上，在殿上將張良綁縛起來。真是秀才遇到兵，有理說不清。張良一言不發，任憑擒拿，只是暗中感歎。

申陽即令一員部將帶兵士百名，押著張良奔赴彭城。

陸賈見捉了張良，進言說：「一個部將去見項王，恐怕難以對答。我願隨行，順便打聽項王伐齊的情況，也可與范增進一步通好。」

申陽備辦禮品，打點停當，叮囑陸賈速去速回。陸賈告辭，帶著十幾個僕人，從洛陽大路去追趕押送張良的隊伍。

申陽部將押著張良，離開洛陽五十多里，來到去彭城的必經路口。這裡有一片森林，平時便常有土匪出沒。

正當他們小心行走之時，林中突然閃出一員大將，當頭大喝：「來者何人？押解何人？快快留下買路錢，否則休想過去！」

部將出面說：「我是洛陽王部將，今領王命押送囚犯去彭城見項王。你等草寇小賊，快快退去，以免自尋死路。」

那大將大怒道：「項王、申王又怎樣？在我心中，不過跟白癡差不多！」說完，舉起方天畫戟直殺過來。

部將一行人不是對手，落荒而逃，大多被刺死。陸賈正好趕來，立即被捉住，捆了起來。

此人不是別人，正是漢王大將樊噲，奉張良之命，在此已經等候多時。

張良在樹林中坐定，眾人將陸賈帶到他面前。

張良責備說：「你跟著漢王幾年，他一直待你甚厚，如今你卻叫申陽拿我，如果不是我早已料定，必遭毒手。你說，這是不是背德忘恩？」

陸賈辯解說：「我跟隨漢王，情況與先生相同。先生念念不忘韓國，我也念念不忘申王。陸賈不敢有二心，先生難道有二志？先生決心為韓國報仇，陸賈不過為申王盡心而已！先生怎能責怪陸賈背德忘恩？」

陸賈也不是省油的燈，反問張良，不能說無理！

張良說：「算你花言巧語。你難道不知漢王是忠厚長者，應該力勸申陽歸漢，怎麼

一心侍奉項王，反與漢王為敵呢？」

陸賈說：「我問申王是要事漢，還是事楚？申王說受楚封，我便想出擒拿先生獻給項王之計。」

張良說：「漢王、項王，誰仁誰暴？誰寬誰殘？難道不是一目了然嗎？你怎麼不勸主人棄惡揚善？」

樊噲說：「陸賈擒先生獻給楚王，以此表示對申陽忠心；我擒拿陸賈獻給漢王，也可以表示我的忠心。先生不要再和他辯論了！」說完，將陸賈押著，向西而行。

押送張良的一百軍士只剩十餘人，急忙逃回洛陽，報告申陽張良被盜匪搶去，又押走了陸大夫，殺死部將，他們死命逃回。

申陽一聽，大怒說：「該死的盜匪，竟敢如此恣意妄為！」急點一千人馬，開出洛陽，趕到大樹林中，卻空無一人。詢問附近村莊，只說：「早些時候，有一群人馬經過，但不知往哪條路去了。」

申陽與左右商議一番，欲往大路去趕，卻見大路上走來三五個行人，帶著各種行李。他尋思，盜匪如走大路，這些人的行李豈不被搶去？派人上前去問，果然，眾人說：「前面路上沒有馬匹。」

申陽調轉人馬，往小路拼命趕。

小路難走，溪澗曲折，走不上十來里路程，天色漸暗。申陽害怕賊人害了陸賈性命，可是道路難行，進也不是，退也不是。正巧這時，一聲炮響，照得四周通明，樊噲一馬當先，舉起方天畫戟，大喝一聲：「看在陸賈的面子上，饒你不死！」

申陽倉皇之間，勒馬回頭便走。樹林中轉出數人，絆馬索齊發，絆倒坐騎，眾軍一擁而上，將他拿下。

樊噲下令鳴金收兵，綁縛申陽，來見張良。

張良秉燭高坐帳上，見軍卒押著申陽過來，急忙下帳親解綁縛，扶於座上，拜伏在地。「張良奉漢王之命，恭請大王合兵伐楚，為天下除暴安民。不料大王不從，捉拿張良送楚請功。幸好張良預先設下這條計策，方將大王騙出城。樊噲等人深恨大王陷害我，意欲加害，多得陸大夫再三求情，因此沒有下手。我看漢王是一個有德長者，不是項王殘忍之輩，大王理當歸附，永保富貴，請三思。」

陸賈也從帳後急出，勸諫說：「大王應該聽從張司徒之言，歸附漢王，永保富貴。如今洛陽城已被灌嬰奪去，大王也無家可歸。樊噲將軍因大王擒拿子房先生，欲要加害，臣再三哀求，方得保全。漢王手下英雄豪傑眾多，大王不可違反天命！」

申陽說：「事已至此，勢不容己，就請張先生和我一齊到洛陽，等我安置眷屬安當，就與陸賈去見漢王。」

張良答應，與申陽、樊噲、陸賈一行人，帶著隊伍來到洛陽城下。洛陽城頭遍插漢

軍紅旗，軍士林立，四門緊閉。

灌嬰立在城頭大呼：「我奉張軍師之命，昨晚已進城安民，閒雜人等不得出入。」

申陽見狀，目瞪口呆，方信陸賈所說灌嬰奪城之語，暗嘆張良真是神機妙算。

張良下令開門，灌嬰叫人打開城門，放下吊橋，迎接張良一行人進城。城內安然如故，雞犬不驚。

申陽說：「漢王的確知人善任，看到這些便知用兵如神。」說著，請張良、樊噲進入朝內。

灌嬰說：「子房先生、樊將軍，不可入內，恐有變。我大營在此，請大王與軍師、樊將軍在營中相會。」

申陽歎道：「大丈夫一言既出，絕不更變！張司徒、樊將軍不是常人，漢兵把守四門，灌將軍在此紮營，洛陽已為漢地，將軍不用多疑。」

正在言語，士兵報告：「大將周勃、柴武統領精兵三千，前來接應。現在城下駐紮，欲見軍師。」

張良忙道請進。二將拜見後，也與申陽、陸賈一一見過。

張良問：「二位將軍，為何引兵遠道而來？」

二將說：「軍師離開咸陽二日，元帥放心不下，又差我二人前來接應。沿途都有探

子傳報消息，元帥說這叫飛報軍情。我們剛出潼關，就已經知道軍師智取洛陽。」

申陽聽說，驚訝不已，忙邀張良與眾將入內，設筵款待。

次日，張良帶著眾將和申陽、陸賈趕赴咸陽，漢王升殿迎接，張良將計誘申陽出城

等事細說一遍。劉邦大喜說：「如果不是先生巧施妙計，哪能如此輕而易舉？」遂召申

陽、陸賈晉見。

劉邦以重禮迎接申陽，申陽內心臣服。

陸賈面帶愧色，拜伏於地，口稱「該死」。

劉邦說：「人人都有故鄉舊里，既到本國，怎麼又有再事奉他人之理？你為洛陽王

著想，也是正理。今日來見寡人，不過遵從洛陽王的命令而已。我不會責備你，你也不

必慚愧。」

世人皆稱道，劉邦利用張良之計，不斷擴大周邊實力，可謂言聽計從，不失帝王之

舉。張良激怒項羽，巧說魏豹，以身為餌釣申陽，寬宏大度釋陸賈，不愧帝王之師。

第 20 章

用人當用長

魏無知說：「我向大王推薦陳平，是因為他有才能。如今
楚漢相爭，推薦的是奇謀之士，只考慮他是否真正對國家
有利！」

陳平是劉邦的傑出謀臣，屢出奇謀妙計，為定天下立下了不可磨滅的功勳。劉邦論天下英雄之時，雖然沒有將他列入漢初三傑，但其奇謀韜略足以與帝師張良媲美。

他的沉著、穩重不如張良，但是在急中生智方面，張良不及。劉邦奪取天下之後，張良恪守「無為」，隱身自保，陳平則一直在官場活動，最後輔助漢文帝治理亂世，充分表現出戰國時代縱橫家的精神。

陳平是陽武（河南省原陽東南）戶牖鄉（河南省蘭考東北）人，少時家貧，喜好讀書，跟著兄嫂同住，僅有薄田三十畝。其兄陳伯寬厚仁慈，自己埋頭耕耘，供養弟弟讀書遊學，但嫂子見他整日遊手好閒，心中很是不滿。

一次，有人問：「你們家這麼窮，陳平怎麼吃得白白胖胖，長得如此魁梧？」

嫂子冷言冷語地回答說：「他只不過滿肚子秕糠罷了！有這樣的小叔子，還不如沒有的好。」

陳伯聽說此事，立刻休掉妻子，可見對其弟厚愛之至。

陳平已經到適婚年齡，然而高不成低不就，有錢人家的女孩不肯嫁給這樣一個窮書生，貧窮人家的女孩，他又看不上。

同鄉有位富戶叫張負，孫女五次出嫁，但都不幸死了丈夫，人們說此女剋夫，再無人敢問津。陳平聞訊，想要娶她。恰逢邑中死了人，他知道張負主持操辦喪事，刻意去幫忙，好好地在張負面前表現了一番，獲得不少的好感。

張負見陳平一表人才，做事精明，有心與他交往。到陳平家，看到陳平家居窮巷，靠著邑中圍牆搭一個斗室。人們常說家徒四壁，陳家卻是家徒三壁，有門無窗，門上掛著一張「弊席」，擋風尚且不能，防寒恐怕更成問題。但是張負慧眼獨具，見門口有大車、大馬來往之跡，認定此人不是平常之輩。

回到家中，他叫來兒子張仲說：「我準備把孫女嫁給陳平！」

張仲吃驚道：「陳平家中一貧如洗，不會耕田持家，全無生計本領，縣中之人都恥笑他的所作所為，父親怎麼突然提起這件事？」

張負說：「像陳平這樣形貌奇特之人，不會一直貧困下去。」

後來，張負果真作主把孫女嫁給了陳平。因為陳平家貧，特地借給他許多錢米，作為娶親之資，又送給他不少酒肉，招待親朋。

他還告誡孫女：「妳不要因為他貧窮，而對他不恭不敬，有失婦道。對待陳平的兄嫂，要像對待父母一樣！」

張負的孫女五喪其夫，人生道路不平，早已在心靈深處刻下了深深傷痕，六婚嫁得一位美男子，自然溫柔備至，關懷有加，陳平被她侍候得樂不可支。

得到富翁相助，賢妻支持，「資用益饒，游道日廣」，陳平開始由家庭走向社會。

陳勝、吳廣起義，周市略地河南，擁立魏國舊公子魏咎為魏王，周市自任魏相。公

元前二〇八年六月，魏王咎率師與秦少府章邯在臨濟（河南省封丘東）開戰，陳平邀約數人去投奔魏王咎，被授以太僕之職。

太僕是近臣，專管魏王車馬出行事宜。可陳平屢次向魏王咎獻計，不僅得不到採納，反而遭人疑忌，受人讒毀。他知道魏王咎乃庸庸之輩，難成大事，毅然出走，另找出路。

公元前二〇七年冬，項羽帶兵到了黃河之濱，北擊秦軍，解趙王歇鉅鹿之圍。陳平此時投奔到項麾下，參加了驚心動魄的鉅鹿大戰。跟隨進入關中後，被授以卿爵，但仍未受到應有的重視，因為項羽缺乏識人的才智。

漢元年（公元前二〇六年）正月，項羽宰割天下，分封諸侯。劉邦四月進入漢中，八月就起兵平定三秦大地。

漢二年（公元前二〇五年）春，殷王司馬卬背楚附漢，項羽派陳平率兵征討，官封信武君。陳平初試鋒芒，收降司馬卬，項羽封他為都尉，還「賜金二十鎰」。

同年三月，韓信巧妙誘敵，抓獲了司馬卬，盡占殷地。項羽惱羞成怒，遷怒陳平，「將誅定殷者將吏。」陳平懼誅，乃封金與印，使歸項王，而平身間行（暗中逃走），杖劍亡。渡河，船人見其美丈夫獨行，疑其亡將，腰中當有金玉寶器，目之，欲殺平。平恐，乃解衣裸而佐刺（划）船。船人知其無有，乃止」。

陳平無端遇險，掛印封金，逃離項羽，黃河邊上遭逢水賊，急中生智，有驚無險，

反應敏捷，堪稱一絕。

趕到河南修武，陳平投奔舊友魏無知。魏無知向劉邦推薦。劉邦在鴻門宴上曾得到陳平幫助，因此置酒相待。

酒席過後，劉邦準備送客。陳平說：「我因事來投漢王，所言之事，一定要在今日講完！」

劉邦於是與陳平交談。談的什麼內容？史無記載，在此不多推測。可以確定的是，

「王與（陳平）語而說（悅）之」。

劉邦問：「您在楚國官居何職？」

陳平回答：「為都尉。」

劉邦當天就封陳平為都尉，「使為參乘，典護軍」。「參乘」就是陪乘。古人乘車出行，駕車手位於中間，尊者位於車之左面，參乘位於車之右面。陳平一下子成了劉邦近臣。「典護軍」負責監護三軍，相當於今日的監察部長。

諸將看到陳平一步登天，一片譁然，對劉邦說：「大王得到一個楚國降兵，還不知道他的品行高下、才能大小，便官封都尉，同車共載，還叫他監護三軍，未免抬舉過分，恐失舊將之心。」

劉邦自有眼光，不為閒言碎語所動。

之後，他征伐項羽，大敗彭城而回，收散兵進守滎陽，不知什麼原因，加封陳平為

副將。估計是陳平為他出了什麼秘計。

早已心懷醋意的大將們終於按捺不住，開始極力詆毀陳平。

大將周勃、灌嬰一起去找劉邦，進讒言說：「陳平身材魁梧，面如冠玉，但是未必有真才實學，品性未必高尚。我們聽說，陳平曾經與嫂子私通；在魏王咎手下，為人不容；逃亡楚國，又因無能而不被重用。我們還聽說他曾經受人賄賂，送金子多的人，便分派他幹個好差事，否則，便安排他幹些不好的差事。這是一個反覆無常的亂臣，希望大王當心！」

後世之人經常舉例說，陳平是有才無德的典型，開口閉口就說陳平「昧金」、「盜嫂」。其實，盜嫂之事，完全無案可查。《史記》記載，陳平有一嫂，曾因說他「徒有其表」，被他大哥陳伯（大概就是陳老大）休了。後來他娶張負之孫女，張負跟孫女說過「事兄如事父，事嫂如母」的話，可能陳伯又娶一妻，但是，史書沒有記載陳平與她私通，想來是周勃、灌嬰信口雌黃，故意製造桃色事件，以詆毀政敵。

至於「昧金」，八成也是子虛烏有。陳平在鄉中的時候，曾為社裡分配肉食「甚均」，父老鄉親讚美他：「善，陳孺子之為宰！」可見早年胸有大志。後來他離開項羽，掛印封金，一貧如洗，不像是貪財之輩。

不過，從《史記》記載來分析，陳平曾說「臣裸身而來，不受金，無以為資」一語，他可能的確收過漢軍將士的金子，大概是取之於民，用之於民，相當於今天的「禮

品交公」。

劉邦聽多了周勃、灌嬰的讒言，也感到陳平行跡可疑，叫來他的推薦人魏無知，加以責備，並轉述周勃、灌嬰之語。魏無知並非「無知」，而是相當「有知」。他有知人之明，不但能向劉邦推薦陳平這樣的曠世奇才，還能根據劉邦豁達大度，求賢若渴的性格和心理，做出充滿哲理的回答。

他說：「我向大王推薦陳平，是因為他有才能。大王如今責問的，卻是陳平的品行。陳平即使有尾生、孝已那樣的高風亮節，對於大王的勝負有什麼用呢？又能夠叫他幹什麼呢？如今楚漢相爭，我推薦的是奇謀之士，只考慮他是否真正對國家有利！至於說陳平私通其嫂，受人賄賂，我管不了，這與爭奪天下有什麼關係？」

「尾生」何許人也？

《莊子·盜跖》中說，尾生與一女子相約橋下相會，約定時間已過，這位女子還沒來，河水暴漲，他抱住橋柱，不幸被水淹死，是傳說中守信之士的代表。

孝已則是殷商宗武丁之子，以孝行名垂後世。

陳平是不是與嫂私通，不是一句兩句話說得清楚的，這是一樁案件，需要立案、取證、審理、結案……受賄賂一事，也是同理。魏無知避實就虛，劉邦雖然善辯，也無可奈何，但他隨即又「召讓平」。

「讓」就是責備。他不好「讓」陳平「盜嫂」、「昧金」，大概是這類事太小，不

便啓齒，或許也是因爲剛剛被魏無知說得無言以對，不想再在當事人面前自討無趣，所以換了一個話題，要「讓」（責備）陳平「信」的問題。

劉邦說：「先生先事魏，又事楚，如今又與我交遊，講求信用的人是這樣的嗎？」

陳平並不直接回答劉邦的「讓」，而是大講一通用人策略，分析對比不同的用人策略，說出項羽、劉邦在政治上的得失。

他說：「我曾事奉魏王咎，魏王咎不能採納我的奇謀妙計，所以我去投奔項王。項王用人唯親，委官封職，不是項氏宗族，就是舅子姑爺，即使有曠世奇才，也得不到重用。我聽說漢王您能夠任人唯賢，所以又來投奔你。我身無分文，囊中如洗，不接受別人饋贈的金錢，拿什麼去爲大王辦事呢？我的建議，大王果真能夠採納，那就採用。如果不想採用，那些錢財原封不動，我立即交官，希望大王放我走吧！」

陳平此論豈只是一篇答話，簡直是一篇絕妙策論，更爲妙者，這也是一種晉升法。他批評魏咎不能採納良謀，批判項羽任人唯親，卻歌頌劉邦任人唯賢，把劉邦一直往上推，自然讓人獲得心理上的滿足。

劉邦聽了陳平的妙論，「乃謝，厚賜，拜爲護軍中尉，盡護諸將」。不僅得到了重賞，還升官爲護軍中尉，專門監督諸將，「諸將乃不敢復言」。

第 **21** 章

用計

韓信查驗渡河器械完畢，命令灌嬰率兵數千，搖旗吶喊，登船佯攻，準備渡河。他則和曹參統領大軍搬運木罌，星夜趕到夏陽，將木罌放於黃河中。

彭城一戰劉邦慘敗，幸虧張良及時調度，派韓信出戰。韓信利用車戰打敗項羽，楚、漢雙方罷兵。項羽清點軍馬，損失慘重，忙招范增問計。

范增說：「如今新敗，不可用兵。劉邦在彭城用魏豹為主將，喪師辱軍，魏豹時刻害怕被治罪。如今劉邦返回關中，魏豹告假回歸河南，一定意欲再次糾集人馬，謀求獨立。大王差遣一位能言善辯之士，只需數句言語，必然說動他反漢附楚。漢軍之中，只有韓信才能抵擋魏豹，我們趁其攻打之際，乘虛奔襲滎陽，何愁大事不成？」

項羽連稱妙計，忙問何人可派去說服魏豹。

項伯說：「我跟一相命先生許負的私交不錯，此人正在河南，與魏豹深交。魏豹每遇大事，都會叫此人看相行事，而且言聽計從。我寫一封書，差人送給許負，只需一言半語，大事必成。」

范增在一旁稱善，項羽於是叮囑項伯依計行事。

許負接到項伯專人送來的信件，盡知詳情，認為項羽勢大、項伯情重，立即前往魏豹府中拜見。魏豹此時也正想請許負為他相面，忙叫請入。

魏豹說：「我正要派人相請先生，看看近日氣色如何？」

許負一聽，正好就湯下麵，「大王未曾用過酒食，正好看看貴氣。」

魏豹忙說：「有請。」

魏豹近來兵敗，十分勞頓，滿臉晦氣，在許負眼中看來，毫無良兆可言，只得玩弄

相命先生的如簧巧嘴，說道：「大王貴相，紅光滿面，喜氣重重，百日之內，心想事成，大功立成，豈只王爵之尊，九五之位也可到手。」

一句話，正好說到魏豹的心坎上。

許負接著說：「願觀王后尊面，看看後宮之氣。」

魏豹忙叫他的妻子出來。許負一見，伏地便拜，「娘娘貴不可言！他日當母儀天下，下臣絕不敢謬言。」

魏豹暗喜，心想我有九五至尊，夫人怎不母儀天下？

許負走後，魏豹準備起兵反漢。大夫周叔勸他「切切不可」。

魏豹說：「漢王劉邦前日用我為大將，不想大敗，被他羞辱一場，奪去帥印。而今韓信為帥，大敗項羽。劉邦這傢伙整天當著諸將面前罵我，早晚必然加害我，今日不反，更待何時？」

周叔勸諫說：「千萬不可。漢王寬厚，天下歸心。韓信用兵如神，項王尚且不能抵敵，大王兵微將寡，怎能與漢兵為敵？專心跟著漢王，您就不會失去魏王之位，不可欲心太重！」

魏豹說：「天命所歸，哪裡是由弱強來決定？許負的相法，不是你們這些人可以知道的！」

周叔說：「先論人事，再說天理，人定勝天。輕信相士胡言亂語，倉促興兵，亡在

且夕，大王切不可爲！」

魏豹大怒，叱退周叔，命柏直爲大將、馮敬爲騎將、項它爲步將，封鎖黃河渡口臨晉關，阻止漢軍渡河，又上表復降項羽。

再說劉邦回到咸陽後，立劉盈爲太子，大赦天下，罪人充軍，命蕭何輔佐太子守衛關中，制法令，立宗廟，建社稷，修宮室，置郡縣，穩定後方，籌備給養，補充兵源。

公元前二○五年八月，劉邦返回滎陽，督兵東征天下。聽說魏豹已反，笑著說：

「匹夫反叛，能成什麼大事！」就要興兵征討。

酈食其說：「大王兵馬久動未息，如又興師，唯恐師勞力竭。我與魏豹交好，願去以理勸他，如果他不回心轉意，再征討也不遲。」

劉邦自然高興地說：「如果先生憑三寸之舌說服魏豹來降，不戰而屈人之兵，可是萬金之力，千城之功。」

酈食其來到河南，直接去見魏豹。

魏豹說：「故友遠道而來，是要爲劉邦當說客嗎？」

酈食其說：「我不顧路途勞頓，不是爲我自己打算，實在是念及故人之情，特來陳說利害關係，大王何必疑爲說客呢？」

魏豹笑著說：「先生請說吧！」

酈食其說：「人不能首鼠兩端，腳踏兩條船。多疑之人常是敗家，反覆無常之人，往往自取其辱。如果大王昨日降漢是對的，那麼今日投楚就錯了；如果大王今日降楚是對的，那麼昨日投漢就錯了。是非顛倒，反覆無常，豈不自遭其禍？況且當今天下大勢，不識時務者，認爲楚強，能明天之大勢者，必然知道漢王當興，楚王當敗。漢王寬仁，而項王暴戾，漢王明智，而楚王愚蠻，不用細說，已是明明白白的事情。大王歸漢，實爲上計，如今復歸楚王，實在是反覆不定。以我之見，不如罷兵息戰，一心一意依附漢王，可以永保富貴。」

魏豹說：「漢王謾罵無禮，辱人太甚。我既然已經動念，沒有再生反覆之理。大丈夫頂天立地，豈肯久居人下？即使蘇秦、張儀再生，我的心也不會改變！」

酈食其知道他已經鬼迷心竅，非言辭可以說動，十分惋惜，告別回報。

劉邦問：「魏豹主將是誰？」

酈食其答：「柏直。」

劉邦說：「此人乳臭未乾，黃口小兒，怎能比我大將韓信？騎將是誰？」

「馮敬，秦將馮無擇之子。」

「此人雖有賢名，但是缺乏智謀，不能敵我灌嬰。步將是誰？」

「項它。」

「不能抵擋我的曹參。我可以高枕無憂了。」

劉邦任命韓信爲左丞相，與灌嬰、曹參率兵攻打魏豹。

韓信得令，詢問酈食其說：「魏豹沒有任用周叔爲大將嗎？」

酈食其回答：「是柏直。」

韓信大笑：「只不過是黃毛小子，不足爲懼！」遂揮師進兵。

韓信率領漢兵來到臨晉津（陝西大荔東朝邑舊縣城東黃河西岸），看見魏兵早已到來，只得傳命兵將紮營，與魏豹隔河相拒。

韓信密令灌嬰：「魏豹憑藉黃河天險，不設舟橋，不用船隻，我軍一時難以打造這些器械。你帶著能工巧匠伐木打造木罌，此物渡河最方便。」

灌嬰領命而去，監督工匠加緊打造，不久就造出數千個木罌。韓信又令他砍伐木材，將木罌縛上，製成筏子。

韓信一面加緊製造各種渡河器械，一面親自帶領士卒在黃河邊上練習渡河，做出強攻過河的樣子。

魏豹、柏直看到漢軍在對岸操練演習，更是加倍小心，四處抽調兵將防守。

一天傍晚，韓信查驗渡河器械完畢，命令灌嬰率兵數千，搖旗吶喊，登船佯攻，準備渡河。他則和曹參統領大軍搬運木罌，星夜趕到夏陽（陝西韓城南），將木罌放於黃河中。每個木罌可載二、三個士兵，用木作槳，向對岸划去。木罌筏子則運載車馬輜

重，往對岸渡去。

大隊人馬渡過黃河，居然沒有碰上一個魏國之兵。

漢軍渡過黃河，往北不斷推進，一路席捲而去，魏兵難以抵敵，很快攻佔安邑（山西夏縣北）。魏豹聽說漢軍已從夏陽渡過黃河，安邑等城先後失守，一時六神無主，戰兢兢。倉促之間，急率大隊人馬離開臨晉渡口，回師救急。漢兵與魏兵在曲陽相遇。

漢兵本來孤軍深入，有進路無退路，韓信、曹參親自督戰，無不以死相拚。

魏豹乃膽怯無謀之輩，見漢軍如潮水般席捲而來，喊聲、鼓聲，震得大地發顫，立刻失去鬥志，搶先逃跑。群龍無首，魏軍紛紛潰退。漢軍乘勢追趕，哪肯有半點鬆動？魏豹逃到東垣，被漢軍團團圍困。外無救兵，內無鬥志，窮途末路，只剩下一條路——

下馬伏地，投降。

眾將押押魏豹來見韓信。

韓信說：「漢王命你為元帥，統領幾十萬大軍，睢水一戰喪師三十多萬，睢水斷流。主上不忍加誅，只是奪去帥印，不失王爵之貴。誰知你不僅沒有感激，反而聽信術士謊言，貿然起兵謀叛。如今被擒，本當殺戮，但念你為一國王爵，若漢王寬恩，或許可免你一死。」

韓信令軍士用囚車監押了魏豹，驅兵攻佔魏地，安撫百姓，令周叔暫管國事，並派人押送魏豹及其家屬去滎陽，聽候劉邦發落。

魏豹押到，劉邦一見勃然大怒，下令推出斬首。魏豹嚇得雙腿發抖，下跪求饒。劉邦見此情況，可憐之意頓生，又念此人曾經東征彭城，膽小無能，難有什麼作為，遂饒恕不殺，只將他痛罵一頓。

魏豹撿得一命，叩頭謝恩，唯唯諾諾而退。

劉邦又下令，魏豹家屬沒官為奴，帶上堂來過目。魏豹夫人薄氏長得花容月貌，令先發往織室作工。薄氏後來成了劉邦之妾，生子接位為漢文帝。許負看相時說夫人「母儀天下」，果真不是虛言！

魏豹的確是無能之輩，一戰為虜，成為千古笑柄。韓信用兵神鬼莫測，項羽尚且難以支撐，何況是他？

韓信平定魏地後，雄心大發，向劉邦提出全盤計劃：只要再增撥三萬兵力，便能夠將中原重新納入掌控中。

他計劃以魏國首都安邑作攻擊發起點，再向北攻略趙國和燕國，並東擊齊國，向南切斷楚軍攻打滎陽時的糧食補給，徹底奠定楚漢南北對抗的局勢。

劉邦自然很嘉許這份雄心壯志，但一方面也對韓信的野心感到不安，於是特別派出在中原頗具影響力的張耳率軍前往支援，暗中則令他監視韓信。

代地是由趙國分出的北方小國，趙王歇當年曾被項羽移居於此。陳餘奪得趙國大權

後，趙王歇以代國封賞。除餘派偏將夏悅以相國之職守衛代國。

韓信用聲東擊西之計大敗魏豹，盡定魏地，設置河東、上黨、太原三郡，訓練兵馬，等待劉邦增兵。不久，張耳率三萬漢兵到來，開始進攻。

韓信為了翦除趙國羽翼，決定先攻代國。他率領漢軍人馬直撲代郡，很快用奔襲之法奪取了代國。

公元前二○四年十月，韓信發兵，由代地進攻趙國。

趙王歇與陳餘聽說韓信已滅夏悅，奪取代地，忙引兵馬駐紮在井陘口，號稱二十萬大軍，阻止漢軍前進。

井陘口是個什麼地方呢？

井陘口位於現在河北省井陘縣北的井陘山上，又叫井陘關，也稱土門關。

宋白《續通典》說：「鎮州石邑縣有井陘山，甚險固。」

《穆天子傳》注：「燕、趙謂山背為陘。陘山在縣東南十八里，四方高，中央低，如井，故曰井陘。」

陳餘的二十萬趙軍，就駐紮在這易守難攻之地，專等韓信、張耳來攻，仿彿在守株待兔。韓信當然不會輕舉妄動，把兵馬駐紮在井陘口的另一頭，派出密探，四面打探陳餘的軍情。

趙軍謀士廣武君李左車給陳餘獻策說：「漢將軍韓信涉西河，擒魏王，奪代郡，虜

夏悅，如今張耳為輔，欲攻趙國，這是乘勝利之師離國遠征，其鋒的確難擋。但是，

『千里饋糧，士有饑色；尋柴為炊，師難飽腹』。井陘之路，戰車不能並行，騎兵不能

成列。韓信如果由此進軍，糧草輜重必在後面。請撥給我精兵三萬，從小路偷襲，截斷

漢軍給養。丞相深溝高壘，堅壁固守。漢軍進不能戰，退不能回，野無所掠，必然糧斷

水絕，不過十日，兩人之首，必致麾下。希望相國採納我的建議。否則，必為韓信、張

耳之人所困。」

陳餘素以儒者自稱，不聽李左車之計，反而說：「我本仁義之師，不用詐謀奇計。

兵法常說『十則圍之』、『倍則戰之』。韓信之兵雖然號稱數萬，其實不過數千，千里

奔襲趙國，早已疲勞至極。遇到如此之輩，尚且避而不戰，今後遇到大敵，又該如何對

付呢？這樣，諸侯都會認為我膽小怕事，動不動就向趙國用兵！」

陳餘可謂迂腐得可以！幾乎又是一個「婦人之仁」的宋襄公，難怪最後一敗塗地。

漢軍密探探得到如此消息，飛報韓信。韓信大喜，方敢引兵從井陘口進攻趙軍。大軍

開到距離井陘口三十里地，紮寨安營。

夜半時分，韓信召來常山太守張蒼，撥給兩千軍馬，人持一旗，從僻靜小路偷偷逼

近陳餘寨棚，潛伏在草叢之中，以觀動靜。

他並密告張蒼：「我軍與趙軍對敵，我軍詐敗，趙軍必然空營追趕。你就趁此機會

指揮士兵衝進趙營，拔盡趙國旗幟，全部插上漢軍紅旗，堅壁拒守，不必參戰，趙軍自

會不戰而亂。」

張蒼等人得令而去。

天邊剛露出一絲晨曦，韓信中軍傳出號令：「今日破趙之後再大吃一頓！」

每個軍士只分到一份早餐。諸將皆不敢相信，但軍令如山，只好回應：「是！」

韓信自領一萬人馬先行，渡過槐河，在岸邊排下陣勢。趙軍見他背水列陣，盡皆發

笑，認爲韓信浪得虛名，根本不會領兵。漢軍將士心中也疑惑不已，但是韓信用兵神出

鬼沒，且軍律甚嚴，只得依令而行。

太陽東升，陽光普照大地。韓信對張耳說：「趙軍不見我軍大將鼓旗，恐怕不肯出

壁交戰，我倆必須親自督戰。」

韓信、張耳披掛上馬，率領萬餘精兵，前面盡佈大鼓旌旗，殺進井陘口中。

陳餘在趙營之內，看到韓信、張耳如此耀武揚威，大模大樣地闖入，不禁產生被人

輕視之感，特別還見到過去的仇人張耳，不由氣得咬牙切齒，立即下令開營迎敵。

井陘口中道路狹窄，雙方難以擺開陣勢。趙軍人多勢眾，拚命壓過來。漢軍也不示

弱，個個奮勇當先，誓死激戰。

交戰良久，韓信下令諸將盡皆拋棄大鼓旌旗，一時滿山遍野全是漢軍旗鼓。韓信率

兵固守河邊陣地。

趙軍看到如此眾多的戰利品，紛紛空壁而出，搶奪鼓旗，以便邀功請賞。陳餘等人

率兵直追，認為韓信不過如此而已。

只聽得韓信高呼：「前面深水，後有追兵，你死我活，在此一舉。後退半步，立斬不赦！」

漢軍素懼韓信法度，誰敢怠慢半分？人人回身自戰，莫不死拚，以一當十。俗話說：一人捨死，十夫難擋。數萬之眾，自能形成強大的力量！

陳餘見漢軍敗退，正在高興，不料漢軍忽從營中殺出，個個突然間都變成了亡命之徒。趙軍爭搶旗、鼓，隊伍混亂，雖然人多，但是很難擊退對手。

兩軍混戰，難解難分。

張蒼率領的兩千士兵，看見趙軍紛紛出營搶奪漢軍旗鼓，飛快馳入趙營，盡拔趙旗，插上漢軍紅旗。

趙軍突然發現自己的營寨被漢軍佔領，一時間全無鬥志，紛紛後退。陳餘連誅數人，也不能禁止。漢軍見敵方鬆動，攻勢更加猛烈。趙軍死傷無數，陳餘死於亂軍之中。

趙軍只剩下投降一條路可走。

一個早上就大破趙軍二十萬人，擒趙王歇，殺陳餘。韓信這個陣法叫背水列陣。

《史記‧淮陰侯列傳》記下韓信對這場戰鬥的分析和評論：

諸將問信曰：「兵法：左倍（靠近）山陵，前左水澤（行軍、打仗的絕地）。今者將軍令臣等反背水陣，曰破趙會食，臣等不服。然竟以勝，此何術也？」

信曰：「此在兵法，顧（但）諸君不察耳。兵法不曰：『陷之死地而後生，置之亡地而後存』？且信非得素拊循士大夫也，此所謂『驅市人而戰之』，其勢非置之死地，使人人自為戰；今予之生地，皆走，寧尚可得而用之乎！」

諸將皆服，曰：「善，非臣所及也。」

曹操注《孫子兵法》說：「前有高山，後有大水，進不得，退有礙者。」這就是對「右倍山陵，前左水澤」的解釋。韓信就是在這種地形展開戰鬥的。

值得注意的是，韓信置之死地的時間很短，只有半天，況且還有一支兩千人隊伍在策應，所以能夠出奇制勝。三國時期的馬謖，雖然也將隊伍置之死地，但是由於時間太長，士氣很快被削減。兵法是一般原理，成敗仍在於是否靈活運用。

第 **22** 章

英布站過來

英布，跳起來大罵：「江中弒義帝，實是項羽主謀，我不過
是執行他的命令而已！要是有朝一日，天下諸侯以此為藉口
討伐，怎麼去辯白？」

寓言故事中，狐狸利用鹿貪圖虛榮的心理，引誘鹿替自己赴死。鹿則為了一個可望不可得的王位，冒險去見獅子，最終丟了性命。

在人的世界中，上位者常會用獎賞來鼓勵、刺激下屬，讓他們甘於為自己效力，這也就是「重賞之下，必有勇夫」的道理。對此，劉邦深有體會。

楚漢相爭到了關鍵時刻，劉邦對張良說：「我準備拿出關東之地作為獎賞，誰願去建此破楚大功？」

張良說：「當今天下，能夠馳騁疆場，與項王為敵，助大王破楚者，只有三人，他們是九江王英布、昌邑人彭越、原大將韓信。英布與項王不和，可以利而誘之，威而脅之。彭越助齊反楚，與大王有交往，可以心結之。漢王大將，只有韓信是真正的帥才，可以獨當一面，為大王建功立業。用關東之地封三人，何愁大功不成？」

劉邦說：「怎樣才能得到這三人呢？」

張良說：「這也不難。我親自去見韓信，包管韓信自來。但是韓信只能抵擋一面，九江王英布、大梁彭越都有大將之才。再得此二人，楚必敗無疑。」

劉邦問：「英布是楚王親封的九江王，怎肯歸附我呢？」

張良答：「前些日子，英布帶兵追趕太公，喪師回楚，被項王責罵侮辱，回到了九江。項王攻打齊、梁，遣使令英布出兵，他卻只派少許弱兵相助，兩人之間已經矛盾重

重。趁英布心懷二志的時候，大王派一個能言善辯之士去遊說，他必然歸附。」

劉邦認為機不可失，立即尋找能去遊說英布的人，有一個叫隨何的人欣然願往。

隨何到了九江，住在九江王府對面的館舍裡，投書求見英布。

英布聞訊，與謀士費赫商議。

費赫說：「這次隨何來，一定是因為漢王新敗睢水，無力與項王為敵，差他來勸說大王歸漢。最好暫且以病推辭，不要輕易相見，讓漢王知道您的份量。」

英布於是告訴門官：「告訴漢使暫且回去，等到我病好了，再來相見。」

隨何得到回報，猜想一定是謀士費赫從中作梗，即到費赫門下求見。

費赫返家後，聽說隨何求見，算定是向自己先下說辭，正好自己也想探聽一些情況，忙出門迎接。

相見禮畢，費赫問：「先生有何貴幹？」

隨何說：「漢王新敗於彭城，在滎陽招募兵丁，命諸將各歸鄉里。我是六安人，久念父母之邦，歸來拜掃父母之墓。經過九江，敬慕九江王英名，特來求見。但九江王懷疑我是漢使，稱病不見。我本來想直接回六安去，但怕懷疑始終不解，所以特來拜見大夫，請求代為轉告。大王坐鎮九江，應當折節下士，招募賢士，成為一代明王，使天下人仰慕，大夫也可以成為輔弼賢臣。如今我慕名而來，卻被拒而不見，四方賢士聽說九江王倨傲如此，誰還願來相投呢？像大夫這樣的善輔之人，豈可坐視不言？」

費赫被隨何說得志忑不安，臉上卻不表現出來，從容地說：「大夫暫住一宿，如果明日大王病情好轉，我就入朝稟告。」

第二天，費赫去見英布，說：「隨何不是漢室說客，他是歸家探親，途經九江，羨慕大王英名，特來請見。」

英布說：「慕名求見，拒之非禮。」叫人去請隨何晉見。

隨何到來，相見禮畢，英布問：「先生跟隨漢王日久，必知許多事情。前日漢王睢水之敗，為何不用韓信？」

隨何說：「前日漢王親發手書，佈告天下，為義帝發喪，兵將縞素，天下諸侯聞書而到者，都深恨項羽弒義帝，願協助討伐。因此，漢王留韓信鎮守三秦大地，作為大本營。不想霸王秘密派人持書，通告天下諸侯，說弒義帝之人乃九江王，將罪過盡歸大王，因此諸侯轉而深恨大王，不助漢王攻楚，這才有睢水之敗。齊、梁、燕、趙都準備起兵，與大王爭衡。弒逆之惡，古今都認為是第一大罪，項王一旦把這個罪名公告天下，百姓都會把大王當成普天下的罪人，您就是一家一戶地去勸說，人們也不會相信的！還能憑什麼立身於天地間呢？」

英布一聽，跳起來大罵：「他娘的，江中弒義帝，實是項羽主謀，我不過是執行他的命令而已！如今把這等惡名強加在我頭上，讓我一個人去遭受世人的譏誚和怨恨，真是黃狗吃屎，黑狗遭殃！」

隨何心喜，知道大事已成，急忙勸阻說：「大王不要生氣，唯恐左右之人聽聞，傳入彭城，項王必加罪責。」

英布說：「殺子嬰，掘皇陵，弒義帝，這三件事都是項王之命，但是我心中時常負疚不已，要是有朝一日，天下諸侯以此為藉口討伐，怎麼去辯白？哪知今日項王把這些罪惡都歸於我的頭上，我就是用盡長江之水、南山之竹，誰又能明白我的心？」

隨何說：「大王要想表明心跡，這也不難，只要同心協力支持漢王，合兵伐楚，申討項王之罪，清濁自然分明。如果像現在這樣坐守九江，等到諸侯合兵討罪，您現今又是楚臣，即使有千張嘴巴，怕也辯駁不清。依我愚見，不如歸附漢王，讓天下諸侯盡知，項王乃弒殺義帝主凶，有了討賊之舉，這才是長治久安之策。如今形勢，楚不如漢。大王不歸順萬全之漢，而依附危亡之楚，乃智者不取也。」

英布走上前，低聲說：「我近日與楚有隙，也準備洗此不白之冤，且知道漢王是長者，有心依附他。先生請先稍等幾日，等我處理好一切，就與先生同行。」

英布與隨何正在密謀，左右傳報：「楚使送項王詔書到。」

英布叫隨何進內室，接詔。詔書說：

九江王英布，偷安自逸，楚兵伐齊，裝病不起；睢水會戰，坐觀勝負。朕勞師疲士，久無一言相慰，實失君臣之禮……會兵伐漢，星夜前來，毋誤！

英布看完詔書，沉吟良久不語。

隨何忽然從內室走出，對楚使說：「九江王已歸附漢王，哪有發兵助楚之理？」

楚使者驚問：「你是何人？」

隨何說：「我乃漢使隨何，已與九江王約定同心伐楚，為義帝發喪，共誅暴逆！」

楚使看到英布不說話，知道事態發生重大變化，急欲下階逃走。

隨何說：「從項王詔書上看，已企圖殺大王以滅天下人之口，將弒義帝的罪惡全部推到大王身上。您應該立即斬殺楚使，明確表示助漢攻楚！」

英布大怒，立斬楚使，起兵攻楚。項羽令項莊、龍且攻打英布。龍且擊敗英布軍。

英布準備帶兵歸依漢王，但怕目標太大，被項兵追殺，只得跟隨何從小路趕到滎陽。

隨何帶著英布去見漢王劉邦，誰知竟見劉邦坐在床上洗腳。

英布見狀，懊悔不已，退出之後，與隨何說：「我是一國王爵，漢王與我相見，竟然一點禮節都沒有，讓我進退兩難，不如自盡，以懲罰我的不智！」

隨何忙制止說：「漢王醉酒未醒，過一會相見，自有特殊待遇，大王千萬不要性急。」而後把英布介紹給張良、陳平。

英布發現兩人各自都有專門房舍，帷帳器用，極甚齊全，飯食供給與漢王一般無二，心中又大喜。稍後，文武大臣一起陪英布晉見漢王。漢王酒醒後禮遇謙恭，態度親近，君臣之間毫無嫌隙。英布終於安下心來，就這樣歸順了劉邦。

第23章

向變色龍學習

該寬容時寬容，該豁出去時豁出去，該隱忍時隱忍，一切順
應情勢的需要，反而使劉邦度過了生命中的重大危機，而且
轉危為安，奠定了爭奪天下的穩固地位。

劉邦隨風變幻、勇於納諫，像狐狸，也像變色龍。

一個常常把「老子」掛在嘴上的人，看起來是個粗人，可就因為長於擇善而從，常能獲得最佳行動方案。

漢三年（公元前二○四年）十二月，項羽圍攻劉邦，切斷漢軍糧道和援軍通道，滎陽城內十分危急。劉邦忙請來酈食其，商議對付項羽的良策。

酈食其說道：「大王可以分封六國後代為王，拉攏各國，牽制項羽，削弱他的力量。」

劉邦說：「這是個好辦法，趕快造印，分封六國。」

酈食其奉命而去。

不久，張良前來拜見，劉邦把酈食其的辦法告訴張良。

張良一聽，氣憤地說：「這要壞大王的好事！」

劉邦忙問何故。張良答：「大王你想一想，這麼多人為你出生入死，不就是為了博得一點富貴？如今六國後代無尺寸之功，就能封王封侯，豈不寒了將士們的心？誰還會為你效命？還怎麼統一天下？」

劉邦破口罵道：「迂儒！差點壞了老子的大事。」立即下令銷毀已經鑄好的印璽。

張良的這一段妙論，是一篇反對教條主義的絕妙教材。時代不同，完全照搬「古聖

先賢」的所謂成功經驗，是行不通的。

湯、武分封夏、商後人，是因為他們已經勝券在握，能夠左右天下局勢。劉邦被項羽困在滎陽城中，自身難保，哪有資格去分封他人？

張良特別提到，跟著劉邦出生入死的將士都想升官發財、光宗耀祖，把天下分給六國之後，誰還肯替他去流血、去賣命？

從張良話中還可以看出，分裂的時代已經過去，一旦分封，統一天下的願望只怕再難實現。漢初一直在削藩，可見張良有十分敏銳的預見性。

以個人條件而言，項羽比劉邦要好得多。尤其是攻進咸陽後，他已成為天下實際領導者。但項羽本身並不具備領導者的素質。

最高領導者必須包容下屬，使工作進入制度化、正常化，等整個局面穩定下來，才能以同一個聲音對外。否則，禍起蕭牆，哪還有心力攘外？

項羽的作為卻正好相反，他不但不去瞭解他所擁有的天下，反而以個人意願和已臣服的勢力相對抗。他將天下炒翻了，又把各地方力量作大調動，短短時間便同時和所有人敵對，難怪要手忙腳亂。

其實，當時真正對付項羽有威脅的，只有劉邦和田榮，而兩人都羽翼未豐，他若眼光獨到，全力對付，封死他們並不困難。他卻弄亂了周圍足以阻斷劉邦和田榮的舊有力

量，敵我亂成一團，自然讓這兩股力量有了可乘之機。

如果一開始就全力圍堵劉邦和田榮，先爭取其他勢力的信任和穩定，天下大勢可能會完全不一樣，歷史要徹底改寫。

劉邦在這期間的表現，的確比項羽優秀。該寬容時寬容，該豁出去時豁出去，該隱忍時隱忍，一切順應情勢的需要，反而使他度過了生命中的重大危機，而且轉危為安，奠定了爭奪天下的穩固地位。

自身的傑出表現，才是真正獲得擁戴的祕訣。

第 24 章

紀信捨身替死，
劉邦狡計脫身

黃昏時分，楚軍在滎陽東門打著火把，等劉邦出城投降。如此左等右等，半夜時分，滎陽東門終於大開，湧出一隊人馬。楚兵早已等得不耐煩了，見此光景，齊聲吶喊：「漢軍出城了！」

狐狸是狼的僕人，狼要什麼，牠就得去做。不過，狐狸只是暫時低頭，暗中一直在尋找除掉狼的機會。

一天，狼對狐狸說：「去給我找點吃的，不然……」

狐狸立即說：「有戶人家正好殺了一頭牲口，剛醃的鮮肉放在地窖的一個桶裡，我們去吃個痛快！」

狼就與狐狸一起到了地窖裡，狼見到可口的肉，埋頭只顧吃。

狐狸也吃，可總是四下張望，時不時跑到洞口，試試身體還能不能出去，還故意弄出些聲音。農夫聽到聲音，朝地窖走來。狐狸一溜煙逃走，狼也想跟著跑，可肚子鼓鼓的，被洞口卡住，鑽不出去，被農夫一棒子打死。

狐狸用跑進跑出的聲音引來農夫，借農夫之手殺死了狼，儘管有失厚道，但在自己技不如人、勢不如人時，借刀殺人不失為一種策略。

劉邦就是這樣的人，在危急關頭，他以己之心換人之心，得到紀信以死相報，成功上演捨車保帥的好戲，這才保住小命。

不得不說，劉邦的天下來得真不容易。處於弱勢的他，在與項羽的爭戰中，可謂九死一生。幸虧有許許多多的人出謀劃策、甘心效命，才得以一次次從死亡線上撿回自己的小命，最終成就了帝國的偉業。

劉邦依陳平之計，用大量的金錢去收買項羽手下的人，離間他們的關係，最後范增死了，他則不再提講和之事。

項羽有所醒悟，厚葬范增，安撫鐘離昧等人，催兵攻打滎陽。劉邦在城中無法固守，反覆思量自保脫身之計。張良、陳平為他設下一條脫身之計，他口頭上不答應，心中卻以為真不失為一條妙計。

陳平看出劉邦心思，自去行事，密會諸將說：「如今漢王被圍城中，情況十分危急。為今之計，只有派一人詐降，漢王乘機突圍。不知各位有何打算？」

眾將紛紛說道：「父有難，子代之；君有難，臣代之。我願替漢王詐降，掩護漢王突圍。」

陳平說：「各位忠心，皇天可鑑！但是最好推舉一位與漢王容貌相似的將軍，好騙過項王！」

大將紀信上前說：「臣貌類似漢王，願領命詐降，赴湯蹈火，在所不惜。」

眾將早知，要講儀容相似，除了紀信，沒有第二人。

陳平大喜，密帶紀信去見劉邦。

劉邦說：「此舉不可！大業未定，臣下未受滴水之恩，今叫紀將軍代我赴難，我卻棄城逃跑，損人利己，仁者不為。」

紀信說：「事到如今，只有如此！否則一旦城破，玉石俱焚，那時我也是死，有什

麼好處？我代替赴難，大王出此重圍，我名垂青史，重如泰山！大王還是成全我的好名聲吧！不要顧念我。」

劉邦猶豫不決，搖頭不語。

紀信拔出長劍，說：「大王如果不答應我的請求，請把我給殺了，反正遲早都是死，不如讓我為您打前哨！」

劉邦聽到這裡，走下台階，與紀信相擁而泣，說：「將軍之心感天動地，萬載不泯。將軍的父母還在人世嗎？」

「老母尚存。」

「將軍之母，就是劉邦之母。將軍有妻室嗎？」

「有。」

「將軍之妻，就是劉邦之妹。將軍有子女嗎？」

「一子尚幼。」

「將軍之子，就是劉邦之子。將軍之老母、妻子、幼子，劉邦當終身敬養，將軍不要擔心。」

張良、陳平擬好降書，派使者送給項羽，聲稱劉邦情願割讓關中，投降項羽，只希望不要誅殺無辜。這一頭條新聞在楚營中炸開了鍋，引起一片歡呼之聲。

項羽問漢使：「你家主人何時出降？」

「今天晚上。」

項羽放回漢使，密命季布：「劉邦一旦出城，立即斬首，以消我心頭之恨！」

季布自去佈置。黃昏時分，楚軍在滎陽東門打著火把，等劉邦出城投降。如此左等

右等，卻一直等到了上半夜。

滎陽城中，陳平、張良與劉邦商議，令樅公、周苛帶領人馬守城，紀信身著漢王服

飾，坐上龍車出城誘敵，其餘人悄悄潛逃。

半夜時分，滎陽東門終於大開，湧出一隊人馬。

楚兵早已等得不耐煩了，見此光景，齊聲吶喊：「漢軍出城了！」

走在前面的「隊伍」，老少美醜，全是身著軍服的「女兵」，邊走邊

說：「城內男人越來越少，我們也被強迫當兵。城內無衣無食，項王千萬要放我們一條

生路！」

這樣的隊伍一走就是幾個小時，還不見劉邦出來，各門楚兵紛紛趕來觀看奇景。

項羽見狀，對左右說：「劉邦果真是酒色之徒！兩軍交戰，城中尚有眾多婦女，怎

有不敗之理？怎麼能成大事？」

「女兵」走完是美人，美人走完是散兵，最後方才看到劉邦的車仗遠遠而來！

此時，快到天明。

楚軍大呼萬歲，全集結到東門外，觀看劉邦的投降。紀信長相極像劉邦，又穿著漢王的裝扮，楚國將領都不懷疑，只等項羽前來受降。這一來就耽擱了好長一段時間，讓漢軍有足夠的空檔從西門火速撤走。

為了保證安全，劉邦先領數十騎火速撤向成皋，進入關中休養生息。接著，大部分滎陽守軍分批向成皋撤退，和英布的守軍會合。滎陽城中只留下韓王信、魏王豹、劉邦同鄉的大將周苛等人，率領部分軍團堅守。

項羽聞報，火速趕來，見是紀信穿著漢王服飾，知道受騙，厲聲問道：「劉邦這無賴在什麼地方？」

紀信冷笑道：「已經安全撤出城去了。」

項羽無奈之下，命紀信投降。紀信破口大罵，最終被處死。

項羽一把大火燒死了紀信。

這就像一齣歷史話劇，在中國的歷史上不算多見。

劉邦不好意思叫紀信當替死鬼，張良則是道學修養很高的人，不會出面去犧牲任何人，因此這個重任落在了陳平頭上。陳平沒有這樣那樣的思想包袱，完全是一個戰國策士的風格，為了達到目的，可以不擇手段。這種難辦的事情，由他來完成，再合適不過。

第 25 章

忍氣封韓信

劉邦當著韓信使者的面破口大罵：「我在這裡受困，多次叫你來助我，你都不來，如今卻要自立為假王——」話未說完，急忙改口說：「要當就當個真王，當什麼假王？」

韓信平定趙國、招降燕國之後，一直在趙、燕之地安撫居民，招兵買馬，準備進攻齊國，就這樣過了一年多。

劉邦在滎陽、成皋一帶與項羽相峙，最後大敗而逃，丟失兩地，渡過黃河，來到河南修武（河南省獲嘉縣）境內，把韓信訓練已久，準備伐齊之兵收爲己有，命韓信再募兵馬攻齊。

韓信伐齊，得先從酈食其說起。

酈食其跟著劉邦重新奪回成皋、滎陽之後，主動請求去遊說齊國。

他對劉邦說：「燕國、趙國已經歸附大王，但是齊國尙未歸附。齊國是東方強國，東有泰山、大海，北有濟水，西有濁河，南連楚地，並且齊人歷來反覆無常，韓信數萬人馬，一時只怕難以平定。目前韓信陳兵齊境，齊王四面受敵，我可以不動刀兵，叫齊王拱手來降，希望大王准許我去做這件大事。」

劉邦大喜，自然應允。

酈食其到了齊國，請求面見齊王。齊王田廣聽說韓信陳兵齊境，將要攻打齊國，心中十分害怕，聽說漢使到來，急忙召見。

酈食其從中門而進，慢步徐行，左顧右盼，旁若無人。

齊王田廣見此情況，心中不滿，說：「你來我齊國爲使，怎麼不講使臣之禮？是不是欺負我國沒有兵力？」

酈食其說：「漢王劉邦擁有百萬之眾，威名廣布四海。大元帥韓信如今屯兵趙地，隨時都可以進兵齊國。齊國軍民猶如釜底游魚，朝不保夕，大王之位難以久保，怎麼一開口就說『有兵力』？老夫這次赴齊，是為了救齊民於水火之中，保住大王之位。我是齊國的盟主，大國的使者，又不是來乞求，幹嘛要以使臣之禮晉見？大王如果不為齊國百姓著想，不為齊國宗廟著想，馬上就可以殺了我，顯示威風。如果為齊國百姓和齊國宗廟著想，最好還是虛心聽從我的忠告。」

酈食其真是老說客，擺出咄咄逼人之勢，說得人哭笑不得。

齊王說：「齊國地廣人眾，國富兵強，南憑楚荊之勢，北據燕、趙之險，西藉魏、趙為屏，東連滔滔大海，內有文臣良吏治理國家，外有武將勇士保衛邊境。你怎麼敢說我齊國是『釜底游魚，朝不保夕』？」

酈食其歎息一聲，說：「大王怎麼如此夜郎自大，自欺欺人？燕國之險，魏、趙之屏，如今在哪裡？怎麼不想想，論疆場拚殺，力敵萬人，你能跟項王比嗎？項王佔有關中之地，但是不能固守，大勝彭城，但是不能自立，諸王叛亂，關中之地盡失。齊國以區區千里之地，企圖阻擋韓信大兵，豈不是自不量力，螳臂擋車？」

齊王沉默不語，他知道，齊國的確難以抵敵韓信的軍隊。

酈食其又說：「大王是否知道，天下人心的歸向和興亡之所在？」

田廣老實地說：「不知。」

酈食其說：「大王不知天下人心之所向，怎麼一開口就說我不懂禮節呢？楚國表面強大，但實質弱小，漢王看起來弱小，而實質強大。天下疆土漢王已有十之七八，而項王只剩十之二三。項王不知廣修仁德，暴虐妄為，濫殺無辜，不思反躬自省，缺乏自知之明。漢王大仁大德，為義帝發喪，率領天下諸侯討伐逆楚，恩威廣布海內。漢王之光，可與日月爭輝；漢王之德，可跟堯、舜比美。現在佔有天下軍糧之地敖倉，擁有成皋之險，虎視天下，安撫萬民。天下之所歸心，在漢不在楚！應趁早歸附，開城納款，一可保全大王之位，二可拯救齊國百姓，這才是真正的長治久安之策。我這次不遠千里到你們齊國來，實在是為了齊國，不是為了漢王。大王應該再想想看！」

齊王問：「我如果真心歸漢，是不是可以免去刀兵相見？」

田橫在旁也問：「韓信屯兵趙地，要是他突然襲擊，怎麼防備？」

酈食其回答說：「我這次到齊國，不是我私自行事，乃是奉漢王旨意，韓信怎敢違抗不遵？」

齊王說：「既然如此，那就勞煩先生修書一封，差人送給韓信，令他退兵，我們方才相信。」

酈食其見大功告成，立即修書一封，差心腹持書，讓齊使陪同，前去告知韓信。

韓信接到酈食其的書信，真是喜從天降，立即回書，聲言馬上撤兵，出兵協助劉邦

破楚。齊使回報，齊王、酈食其大喜，終日飲酒高歌，全不做任何準備。

燕人蒯徹卻竭力勸阻：「韓元帥奉命伐齊，千辛萬苦才到這個地步，怎麼能不戰而退呢？漢王自派酈生去遊說齊王，具體情形如何，難以料定，怎知齊國不是緩兵之計？漢王並未下令制止將軍攻打齊國，怎麼只憑一封私人信件，就放棄戰略計劃，移兵攻楚呢？酈食其只不過是一介儒生，憑一張嘴巴，不費一兵一卒，就下齊國七十餘城；將軍是破楚大元帥，帶領數萬兵馬，征戰幾年，只得趙國五十餘城。將軍的功勞，反而不如一位儒生，難道不感到有愧於人？將軍與其帶兵去攻楚國，不如趁齊國毫無準備，立即進攻，直抵齊都。兵馬一到，齊王必然拱手投降，這是何等功勞！」

韓信說：「酈生此行，必然奉了漢王旨意，如果我出兵伐齊，一違漢王之命，二對酈生不利。」

蒯徹說：「漢王多次下令將軍討齊，而今又派酈生去遊說，一定是酈生貪圖功名，用言辭煽動，並不是漢王真心。將軍如果移兵攻楚，諸將也會認為將軍無能，從此以後，漢王必定輕視武將，重用儒生！」

張耳也勸道：「此言有理。將在外，君命有所不受，況且漢王也無明令。元帥不要過於拘泥！」

韓信忌酈食其莫大之功，貪下齊莫大之利，立即下令進軍，揮師渡過黃河，過平原，攻歷下，斬田解，擒華無傷，直逼齊國都城臨淄。

齊王和酈食其知道這一變故，皆大驚失色。

齊王責問：「先生前日去書，韓信聲稱立即移兵伐楚，怎麼現在會兵臨城下？你與韓信顯然相互勾結，暗中突襲！」

酈食其申辯說：「我奉漢王旨意招降齊國，而今韓信貪功出兵攻齊，不光是置我於死地，也是背叛漢王。」

齊王說：「先生勸我歸順漢王，但如今韓信已經打到我的都城，即使不是欺詐，如此形勢，也難以教人相信。請寫信給韓信，叫他馬上退兵，如果韓信大軍不退，就是合謀欺我齊國，天理難容！」

酈食其心中不無淒涼，長歎一聲說：「寫信恐怕沒什麼作用，只有我親自跟齊使同去曉以利害，韓信或許會退兵。但是，面對那些貪功圖利之人，我恐怕也回天無力！」

齊王嘲笑說：「韓信如肯退兵，先生此去尚可回來；如果韓信不退兵，這難道不是放虎歸山？你哪會有再回來的道理？我要留下你作人質！」

酈食其說：「我處在大王的位置，也會如此考慮問題。我給韓信寫信就是，生死存亡，全是天意！」

韓信看了酈食其的信，久久沉默不語，內心掙扎。

蒯徹說：「將軍如此猶豫不決，是不是還要聽信酈生的話？」

韓信說：「酈生奉漢王之命遊說齊國，齊國已經情願歸順。我如今率兵攻打，齊國必然加害酈生，而且恐怕有違漢王之命！」

蒯徹說：「將軍出兵伐齊，是漢王旨令。漢王既然已經明令將軍伐齊，怎麼又會派酈生去遊說，怎麼又不下旨叫將軍停止攻齊呢？過錯在漢王，不在將軍！有什麼好猶豫不決的？」

韓信說：「如果齊王殺了酈生，這跟我親手殺他有什麼不同？我心中實在不忍！」

韓信是一個講情義的人，不忘過往曾多次得到酈食其的幫助。

蒯徹說：「一個人的性命與平定一個國家的功勞，哪一個大，哪一個小？哪一個輕，哪一個重？清清楚楚，明明白白。元帥向來英明果斷，足智多謀，如今怎麼會爲區區小事，呈小女子之態？」

韓信終於在大功面前失去了理智，決定以酈食其的死，奪取齊國七十餘城之功。

韓信不回書，只對使者說：「酈大夫前去齊國的時候，應該奏明漢王，叫我停止伐齊，令我回師成皋，才是正理！酈大夫不讓我知道此事，私自遊說齊王，這是奪人之功。齊王其實是害怕我的大軍，不得已歸順漢王，哪裡是心甘情願！今天歸附，明天又反，豈不是叫我勞師費力，勞民傷財？今天一鼓作氣，滅齊而返，根除後患，實爲上策！雖然傷大夫一人之命，但是爲漢王取一國之地，大夫也死得其所。他日論功行賞，

大夫子孫也可裂土受封。請轉告大夫，不要怨恨我韓信！」說完，下令將來使趕出軍營。

使者回報，齊王大怒，將酈食其投入油鍋，烹殺而死。

韓信聽說齊王烹殺酈食其，心中悲憤交加，親催漢軍拚力攻城。儘管齊國君臣民眾齊心合力，怎奈遭到突然襲擊，加上兵士久未訓練、城池沒有修繕，難以抵擋攻擊。幾日之後，韓信大軍攻入臨淄，齊王田廣逃往高密（山東高密縣），田橫逃往博陽（山東泰安市東南）。

漢四年（公元前二○三年）十一月，韓信在酈食其勸降齊國之後，大舉攻打齊國，很快佔領齊國七十餘城，平定齊地。韓信聽信謀士蒯徹之言，遣使報告劉邦，稱齊國之人反覆無常，請求劉邦封他為假齊王，方便鎮守。

正是此舉，埋下他後來被貶官、遭誅殺的禍根。

當時劉邦正與項羽在廣武爭鬥，爭執不下。見到表文，不禁怒從心起，竟當著韓信使者的面破口大罵：「我在這裡受困，多次叫你來助我，你都不來，如今卻要自立為假王──」話未說完，有人在案下踢他的腳。他急忙改口說：「大丈夫在世，既然平定諸侯，要當就當真王，當什麼假王？」

在案下踢劉邦的人是張良和陳平。兩人深知韓信文武雙全，又手握重兵，並且遠在齊國，眼下根本沒有能力阻止他稱王。如果劉邦處理不當，韓信很可能擁兵自立，形成

楚、漢、齊三足鼎立局面。

韓信被劉邦封為齊王後不久，項羽派說客武涉力勸韓信叛漢歸楚，或叛漢自立，不過韓信深感劉邦厚恩，拒絕武涉的建議。重要謀士蒯徹看到如此情況，也勸他叛漢自立，但他考慮再三，終是不忍。

張良、陳平的這一踢，具有重大意義，否則韓信難免自立為齊王。當然，韓信也因此給自己留下了殺身之禍。

古人曾作詩云：

驥足封王已見疑，將軍神算周知機。

空勞十載殷勤苦，反向漁樵問是非。

後人看韓信爭齊王這件事，感慨居多。這就好比下圍棋，如果你想圍大空，就要始終貫徹圍大空的思路，不要因為一點小小的便宜，又去貪吃別人幾粒棋子。

韓信如果一心一意為劉邦打天下，就不應該計較是酈其遊說取得齊國，還是自己佔領齊國。為了爭功，用自己的好朋友作為代價，取得了齊國。而後又擁齊而自大，獅子大張口，討封齊王，這真有些過分了。他最後被殺，看來也是在所難免，只能說禍患起於點滴啊！

第**26**章

鬥智不鬥力

「單挑」就是兩個人單個兒打鬥，劉邦知道自己不是對手，笑嘻嘻地說：「我願鬥智，不願鬥力。」項羽遇到如此軟硬不吃的老滑頭，毫無辦法，只得令三位勇士向前挑戰。

劉邦平定關中之後，曾經一度打進項羽的首都彭城，可是項羽畢竟是項羽，很快就把他打得丟盔棄甲，差點喪了老命。

不過，劉邦最擅長的，就是不爭一時一事的得失，主動棄成皋而逃，保存了一定實力，渡過黃河來到修武（河南省獲嘉縣），準備依附韓信、張耳。

韓信自從平定趙、燕之後，本來準備東伐齊國，但害怕自己走後，趙、燕會再度叛亂，只得與趙王張耳駐紮在小修武（河南省獲嘉縣小修武），一面訓練人馬，一面安撫趙、燕百姓。

劉邦到了修武，做了這樣一件事。《史記‧淮陰侯列傳》載：

六月，漢王出成皋，東渡河，獨與滕公俱，從張耳軍修武。至，宿傳舍。晨，自稱漢使，馳入趙壁。張耳、韓信未起，即其臥內，上奪其印符，以麾召諸將，易置之。信、耳起，乃知漢王來，大驚。漢王奪兩人軍，即令張耳備守趙地，拜韓信為左丞相，收趙兵未發者擊齊。

劉邦採取兒童遊戲般的手法，把韓信訓練伐齊的精兵竊為己有，原來成皋的人馬也陸續到來，軍勢復振。

之後，他派將引兵前往鞏縣（河南鞏縣），阻攔楚軍西進，自己則整頓大軍，臨河駐營，尋找機會進攻楚軍。

劉邦手下有一個謀士叫鄭忠，覺得這種佈局很難取勝，向他獻計：「楚軍新近佔領

榮陽、成皋一線，士氣旺盛，但孤軍深入，糧草不繼。大王高壁深壘，堅守不戰，避開楚軍銳氣。另一方面派一支人馬，進入楚地，協助彭越攻佔項羽的城池，截斷項羽糧道，楚兵必然不戰自亂。到了那個時候，再出兵進擊，必獲大勝！」

劉邦採納建議，下令各部憑險固守，不准出戰，違者立斬不赦。又派劉賈、盧綰領騎兵數百、步兵兩萬，協助彭越在楚國後方騷擾。

彭越得到劉邦援助，襲擊楚軍輜重地燕（河南延津縣東北）西，燒毀並運走楚軍糧食武器，接著攻下睢陽（河南商丘市南）、外黃等十七城。

漢三年九月，彭越等人騷擾西楚後方之事，傳到了項羽那裡，項羽感到後方不寧，決定親自回去收拾。他把固守成皋的重任交給了大將曹咎，反覆叮囑，只能堅守，不可出戰，自己十五日內一定趕回來。

項羽前腳剛走，劉邦後腳就率軍進攻成皋，曹咎堅守不出。劉邦採用張良、陳平誘敵出戰之計，百般辱罵，示弱誘敵，激怒了性急如火、貪功冒進的曹咎，中計兵敗，自殺身亡。劉邦重新佔領成皋、榮陽。

這一戰的結果，劉邦由戰略防衛進入了戰略反攻。跟著又乘機佔領敖倉，加強了糧食的供給。不幾日，再進兵佔據廣武山，阻止項羽回軍。

項羽率軍回救，半月之內果然趕走了彭越等人，奪回了十七座城市。可曹咎把成皋給丟了，他為此傷感不已。

按照秦曆，秋去冬來，又到年節。可是項羽聽到如此消息，哪裡有心思過年？只得命鐘離眛領兵先行，自己親統大軍，星夜不停，直奔成皋。

劉邦聽說楚軍到來，派大軍在滎陽東圍住鐘離眛。

鐘離眛遠道而來，人困馬乏，兵少將微，實難支持，幸好項羽及時帶兵到來，解了他的圍，進軍廣武山，漢、楚兩軍夾澗駐紮。

廣武位於滎陽東北二十來里的地方，本來是一個山谷。廣武山，西接汜水，東連滎澤，地勢高聳，山勢十分險峻。兩山之中有一道山澗，叫廣武澗。澗兩旁座落兩座山峰，相距只有五十多米。

劉、項兩軍就在這裡對峙。《史記·項羽本紀》載：

當此時，彭越數反（進攻）梁地，絕楚糧食。

項王患之，為高俎（砧板），置太公其上，告漢王曰：「今不急下（投降），吾烹太公！」

漢王曰：「吾與項羽俱北面受命懷王，曰『約為兄弟』，吾翁即若（你）翁。必欲烹而（你），則幸分我一杯羹（帶汁的肉）。」

項王怒，欲殺之。

項伯曰：「天下事未可知，且為天下者不顧家，雖殺之無益，只益（增）禍耳。」

項王從之。

《史記》的記載比較簡潔且傳神，但是劉邦何以採取這種態度？既然無法去問劉邦本人和他的謀臣，只好任憑讀者想像了。

項羽聽從項伯勸告，大叫一聲：「關起來！」又對西峰上的劉邦說：「天下大亂已經多年，全是由於我跟你的緣故，我不願讓天下百姓遭受如此災難，今天我倆單挑，一決雌雄吧！」

「單挑」就是兩個人單個兒打鬥，有如外國人的決鬥。

劉邦知道自己不是對手，笑嘻嘻地說：「我願鬥智，不願鬥力。」

項羽遇到如此軟硬不吃的老滑頭，毫無辦法，只得令三位勇士向前挑戰。劉邦手下有個神箭手叫做樓煩，連射三箭，將三人射殺在澗邊。

項羽大怒，親自躍馬橫槍，到澗邊挑戰。樓煩看見項羽馬駿人威，目如閃電，聲如震雷，未射先懼，雙臂發抖，拉不開弓，邁不開步，顫顫地退回營中。

劉邦心中暗暗吃驚。項羽大叫：「劉邦，我只跟你鬥三回合！如果你勝了，我收兵回去，把天下讓給你！」

劉邦走向前去，罵道：「項羽，你不要逞匹夫之勇。你犯了十大罪行，知不知道？

第一大罪：背叛義帝入關盟約，把我貶到漢中。第二大罪：殘殺大將軍宋義，篡奪軍權，目無尊長。第三大罪：奉懷王之命出師救趙，得勝不報，劫持天下諸侯入關。第四大罪：焚燒秦國宮室，挖掘秦始皇帝陵墓，劫取天下財寶。第五大罪：擅自殺死秦王子

嬰，竊取滅秦功勞。第六大罪：詐坑秦降卒二十餘萬人於新安城南，殘暴不仁，天下人恨不得食你肉、吸你血。第七大罪：分封天下，任人唯親，宰割不均，你的心腹親信，盡封好地，故將功臣，被逐被殺。第八大罪：放逐義帝，建都彭城，強佔韓、魏之地為己有。第九大罪：弒殺義帝，神人共憤。第十大罪：為政昏庸，主政不平。我親率天下仁義之師，聯合天下諸侯，共誅百姓公敵。你這樣的暴徒，只配跟刑徒罪犯交手，有什麼資格跟我對陣？」

若論單挑，劉邦不是項羽的對手，可打起嘴巴仗來，項羽就不行了。

項羽直氣得火冒三丈，不想再跟劉邦饒舌，把霸王鞭一揮。早就埋伏在澗邊的弓弩手一齊發弩開弓，箭如飛蝗，嗖嗖飛來。

劉邦見狀，急忙後退，但一箭早射在胸上，一陣疼痛。他害怕亂了軍心，忙提右腳，用手摸摸說：「賊兵射中了老子腳趾！」

左右知道劉邦用計，忙扶著他回大帳，召來醫官，取出箭頭，敷上金創藥。幸好受傷不重，不致要命。

項羽看見射中劉邦，心中大喜，但是深澗相隔，難以追殺，只好快快回營，派細作打聽傷勢。

張良勸劉邦帶傷巡行軍中，穩定軍心。大小將士看見他還能巡視，放下了一顆顆懸著的心。項羽得知這個消息，大失所望。

劉邦巡視完畢，立即秘密返回成皋養病去。

廣武山的這一場對峙，後世之人發表評論，都認為劉邦實屬一個大無賴、大痞子。

匹夫項羽絕鬥不過痞子劉邦，這場戰役就是一個十分有力的證據。其實，這一系列舉

動，全是超級謀略大師張良導演的千古精彩名戲。

不妨想想，如果你是劉邦，你會怎麼辦呢？

劉邦回到成皋養病，傳來了韓信攻下齊國，大敗楚將龍且的好消息。他連忙遣使祝

賀，並要韓信率兵會師滅楚。

韓信挾功請賞「假齊王」，劉邦感到很氣憤，還但是聽了張良和陳平的建議，立他

為齊王，叫他速去滅楚。

項羽此時才見識到韓信的厲害，忙派說客武涉遊說韓信反漢歸楚。韓信顧念劉邦之

情，武涉無功而返。

漢五年七月（公元前二○二年），劉邦久等不到韓信，立英布為淮南王，叫他帶兵

回九江，截斷項羽退路。又令彭越在楚、梁展開游擊戰，截斷楚軍糧道。

項羽軍中缺糧，後方不穩。此時張良、陳平勸劉邦乘機講和，救回太公和呂雉。

項羽求之不得，雙方當即簽定條約：鴻溝之西屬於楚國，鴻溝之東屬於劉邦。

簽約之後，項羽想高高興興地帶著他的軍隊回彭城享受。劉邦父子相聚，夫妻團

圓，也想回櫟陽過幾天和平的日子。張良、陳平卻力勸他乘機進軍，一舉消滅項羽。

劉邦經不住眾人勸說，決定背約。

漢五年十月，劉邦派特使令韓信、彭越速帶兵前來共攻項羽，親自率兵東進，到達固陵（河南太康縣西），專等韓信、彭越帶兵來會，兩人卻杳無音信。

項羽聽說劉邦毀約進兵，怒不可遏，帶兵直撲大陣。劉邦抵擋不住，後退幾十里，損兵折將，心中惱怒不已。

他獨坐帳中，與張良、陳平商議：「韓信、彭越這兩個傢伙為什麼還不領兵前來，讓我又遭此慘敗？」

張良說：「我想，這兩人一定是因為大王尚未加封，所以持觀望態度。」

劉邦不解地說：「我已封韓信為齊王，彭越為魏相國，怎麼會說沒有加封呢？」

張良解釋說：「韓信雖然被封為齊王，但並非大王本意。另外，魏王豹已死，彭越也希望封王。如果把睢陽以北直至谷城之地封給彭越，將陳以東直到海邊之地封給韓信，兩人一定火速領兵到來。」

劉邦不得已，採納張良的建議，專派他去調兩路大軍。

漢五年十二月，項羽兵退垓下（安徽靈璧縣南），劉邦得到韓信、彭越之兵，率兵追來。垓下一戰，劉邦的軍隊，加上韓信、彭越、劉賈等人隊伍，在數量上占絕對優勢。

雙方兵力配備，大致如下：

擔任正面進攻的韓信，有兵力三十餘萬，左翼由部將孔聚率領，右翼為部將陳賀，加上其他軍隊，漢軍近六十萬，而項羽的兵力只有十萬餘。雙方兵力如此懸殊，可想而知，此戰只能以項羽兵拜收場。

項羽死後，烏江亭長在他自刎之地埋下他的血衣和殘骸，立亭祭祀。吳地民間，常有項羽魂歸故鄉的傳說，大概也是一種「衣錦還鄉」吧！

劉邦的帝王夢，經過這一役後，終於成為現實，建立大漢王朝，開創其後數百年之基業。

第 27 章

四面楚歌

簫聲一起，數百漢軍依聲而歌。字字沁人脾，聲聲進愁腸，楚軍幾乎全部豎起耳朵靜聽。天寒地凍，戰地悲涼。誰不思父母，誰不念故鄉？誰願意嬌妻美妾獨臥孤床？

經過一年的累積，劉邦不論在人力還是物力方面，都超過了項羽，於是準備畢其功於一役，將之徹底消滅。

公元前二○二年十二月中，漢軍主力和各諸侯部隊會合，全部到達垓下。韓信親率齊軍三十萬為先頭部隊，參侯孔熙在左、費侯陳賀在右。劉邦率主力部隊緊隨其後，周勃和柴將軍則追隨在劉邦之後。

項羽親率主力部隊十萬兵馬，出城準備給漢軍迎頭痛擊。漢軍陣營不用說，自是由韓信親任總指揮。這是兩位軍事奇才首次，也是最後一次的面對面決戰。

項羽仍展現他野獸般的勇猛，親率騎兵隊在前面衝刺。韓信則以智謀見稱，他的戰場全都經過精密設計。

剛接觸不久，韓信便下令撤退，不願軍士在楚軍的死戰下損傷太多。項羽試圖用猛烈攻勢打擊漢軍士氣，孔熙和陳賀軍隊卻從兩側阻斷楚軍退路，讓楚軍陷入前後夾擊中。項羽反身迎戰左右兩軍，韓信主力又回頭再擊楚軍，讓他在腹背受敵的情況下疲於奔命。

雙方混戰半日，楚軍因饑餓而不能久戰，加上敵眾我寡、死傷慘重，項羽退入垓下，閉城堅守。劉邦率諸侯軍將垓下團團圍住。

項羽跌跌撞撞地走進大帳，寵妾虞姬迎上來，第一次看見神勇蓋世的王如此狼狽，不禁淚流滿面。項羽擦掉她的眼淚，笑道：「勝敗乃兵家常事。不用悲傷，明天我一定

把那些漢兵殺退。」

虞姬知道項羽此時承受著失敗的打擊，卻還要哄著自己開心，用心良苦啊！更是淚如雨下。案上擺滿美味佳餚，虞姬無心動箸，只癡望著項羽。項羽拚殺一整天，腹空如洗，埋頭狼吞虎嚥。

經過一天的廝殺，項羽躺在榻上，轉眼入夢。

虞姬坐於榻旁，宛如一尊玉雕。

帳外，冬季的寒風往來奔突，聽上去像是劉邦的千軍萬馬奔馳。

夜半三更，忽聽空中飄來洞簫之聲。悠長的簫聲中，楚歌四起。歌云：

九月深秋兮四野飛霜，天高水涸兮寒雁悲傷。

最苦戍邊兮日夜彷徨，披甲持戟兮孤立沙崗。

離家十年兮父母生別，妻子何堪兮獨宿空床？

白髮倚門兮望穿秋水，稚子憶念兮淚斷肝腸。

家有餘田兮誰與執守？鄰家酒熱兮誰與之嘗？

一旦交兵兮倒刃而死，骨肉為泥兮裹草萬涼。

魂魄悠悠兮往之所以，壯士寥寥兮付之荒唐。

漢王有德兮降軍不殺，指日擒羽兮玉石俱傷。

我歌豈誕兮天譴告汝，汝其知命兮勿為渺茫！

九里山絕壁之上，一名白衣人向天而立，修長的身材，飄動的衣襟，像是天降仙人一般。此人就是張良。

簫聲一起，數百漢軍依聲而歌。這些漢卒大概經過精心挑選，個個嗓音接近專業水準。一支巨大的合唱團，一遍又一遍唱著張良編的楚歌。字字沁人脾，聲聲進愁腸，楚軍幾乎全部豎起耳朵靜聽。

天寒地凍，戰地悲涼。誰不思父母，誰不念故鄉？誰願意嬌妻美妾獨臥孤床？更不用說倒刃而死、骨肉爲泥了。

楚軍開始呼號，淚眼望淚眼，心中想逃亡。

楚歌唱了十餘遍，楚軍散了八九成。張良這支歌因而成爲千古絕唱，可惜曲譜失傳，只剩下歌詞。

不單楚卒逃亡，楚將也開起小差，季布和鐘離昧皆不知去向。這是項羽手下僅存的兩員大將，他們帶頭逃跑，中下級軍官自隨之一哄而散。

項伯也逃了。這倒不讓人意外，雖然他是項羽的叔父，但明裡暗裡總幫著劉邦，從鴻門宴一直幫到廣武山對峙。

出賣朋友可恥，出賣親人可憎，項伯留給人的印象，更多的卻是滑稽。他並非存心出賣項羽，而是莫名其妙地一再幫助劉邦，好像劉邦天生對他有種特殊的魅力，令他身不由己地偏向自己的敵人。

不過，這次不是身不由己，而是出自預謀，是生死關頭的真正背叛。

項伯逃入漢營，受劉邦厚待，自不在話下。不久，他被封爲射陽侯，一直過著貴族的生活，子孫繁多，「叛徒」的結局竟是壽終正寢。

被張良一曲楚歌橫掃後的垓下楚營，七零八落，只剩下八百人。

這八百人堪稱八百壯士，當中包括一位女壯士，虞姬。

歌聲中，虞姬落淚。女人心腸，最是聽不得悲傷之曲，不由輕輕撫摸熟睡中的項羽，怎麼也不忍心叫醒他，她要讓自己的男人做最後一場美夢。

項羽的嘴角露出一絲笑意，大概真在做美夢。

一再響起的楚歌和帳外的嘈雜聲，終於把項羽從美夢中驚醒。茫然四顧，明白怎麼回事後，立刻起身，喃喃自語道：「難道漢軍已經完全佔領楚國了嗎？爲何漢營中會有這麼多楚人呢？」

歎息聲中，項羽堅強的意志慢慢地潰散。

這便是歷史上有名的「四面楚歌」！

的確有不少楚軍已被漢軍捕獲，或主動投降，但人數還不太多。這顯然是張良和陳平有意的設計，讓營中楚軍教漢營軍隊和諸侯部隊學唱楚歌，利用大合唱的聲勢，加上由遠處傳來的幾可亂真效果，徹底打擊垓下守軍的士氣。

大絕招果然非常有效，連項羽都深受感染，沮喪不已。

最後時刻已到，項羽決定死也要死得像個英雄。他全副武裝，下令在營帳內設酒宴，由虞美人作陪。

席間，項羽囑咐部屬，他突圍而出後，垓下的楚軍便可向漢軍投降，以免不必要的死傷。他還要求虞美人和所有重要將領，不可輕言赴死，必須在楚國滅亡後，盡力保護自己的族人。他相信劉邦和韓信本也都是楚人，不致給楚人太大的難堪。

說罷，項羽起身，慷慨悲歌：

力拔山兮氣蓋世，時不利兮騅不逝。

騅不逝兮可奈何，虞兮虞兮奈若何！

這闋歌曲便是他的最後遺言了。翻譯成白話，大意是：

我的力量可以撼動山河，我的氣勢更是舉世無匹。

但是時局卻對我大不利，使得我的武運無法發揮。

武運無法發揮，名騅失去雄姿，真是令人遺憾啊！

虞姬啊虞姬，我們這下分離，是無可奈何的千古遺恨！

項羽高歌時，虞美人也起身歌舞相和。

《楚漢春秋》記載，虞美人的對歌如下：

漢兵已略地，四方楚歌聲。

大王意氣盡，賤妾何聊生？

《史記》和《資治通鑑》雖未明載虞美人的下落，但依此歌詞來看，虞姬已清楚表示自己將要殉身以明志。

《項羽本紀》中記載：「歌數闋，美人和之，項王泣數行下，左右皆泣，莫能仰視。」一場最後的酒宴，就在悲歌與淚水中落幕。

項羽即刻上馬，率領騎兵敢死隊八百人，在夜色掩護下，由小路突圍而出，如閃電般突襲漢營，全隊向南奔馳而去。

項羽並不打算逃走，只是由於軍隊太少，他必須選擇一個較有利的戰場，和漢軍決戰，以突顯最後的武勇。

天將明時，巡邏隊發現項羽突圍，立刻向上報告。劉邦命騎兵團司令灌嬰親率五千騎從後面追擊。

夜裡視線不佳，不少敢死隊員在途中走失或跌落深谷，到天亮時只剩百餘騎。項羽下令餘騎在陰陵集結。

隨後，漢軍的前鋒部隊追至，楚軍死戰，項羽突圍到達東城。

這個地方屬平原區，是決戰的好場所，不過楚軍只剩下二十八騎，後面即將追到的灌嬰騎兵部隊卻至少有千餘騎。眾寡懸殊，項羽仍決定在此做最後奮戰。

他對二十八騎進行戰前演說：「我跟隨叔父起兵抗秦以來，已經有八年了，親身參與及指揮的戰事，多達七十餘次，幾乎每戰必勝，沒有不被我擊潰的敵人，因而稱霸天

下。今天逢此困境，這是上天有意亡我，而不是我的作戰能力不足啊！現在我準備展開

最後奮戰，為你們殺開一條血路。我設定三個目標：潰圍、斬將、刈旗，請諸君來評

估，到底是天運不足，還是我的能力不夠！」

隨即，他將二十八騎楚軍分置在四個方向，漢軍也從四面把項羽和楚軍重重包圍起

來。項羽遙指一漢軍將領，說道：「我將親自斬殺那位將領，各位可以看看我是否做得

到！」並下令楚軍從四面衝刺，到前面再集結。

佈置完畢，項羽快馬加鞭衝向該名漢將。擋在中間的漢軍在衝殺下皆披靡四散，他

果真火速奔襲到該名漢將前，舉刀將之砍殺於馬下。

這時候，漢軍的前軍指揮是郎中騎楊喜，親自上前挑戰。項羽怒目大聲喝斥，楊喜

因坐騎受到驚嚇而無法坐穩，倒退數里之遠。

項羽和餘騎分成三處會合，漢軍無法判斷他在哪個地方，只好分兵三處包圍。項羽

見漢軍分散，返身再度衝殺，當場又斬殺一位都尉，士卒也死傷數百人。

集合楚軍，發現只折損兩人而已，項羽對剩餘的楚騎表示：「你們評估一下，我們

這次的戰果如何呢？」

楚軍感動地說：「真是如同大王先前所說！」

項羽率領楚軍再往南撤退到烏江，如能順利過河，便可回到故鄉會稽。

烏江北岸的烏江浦，設有楚國的亭長，這位亭長一向欽佩項羽的武勇，因此已備好

渡河船隻，欲送他返回江東，亭上人員也將死戰，確保他的安全。

「大王請快上船吧！這是此地僅有的船隻，追兵想要渡河，必須花費一番工夫，安全保證沒有問題！」

項羽眼見又有人要為他犧牲，心中萌生不忍，低首搖頭。

亭長見他遲疑不定，更積極地說：「江東（指會稽郡）雖小，地方尚有千里，人口也有十數萬，大王仍可擁地為一方諸侯，還有東山再起的機會啊！」

項羽想到自己率子弟兵征戰數載，最後卻落得如此下場，如今即使渡江，也難以逃過漢軍的追緝，只會把戰火延伸到故鄉，徒增屈辱和悲劇。

感歎之下，他對烏江亭長表示：「我的天運已盡，即使暫時渡河逃難，也沒有什麼用。況且，當年我項籍率領江東子弟八千人渡過烏江，西向爭霸天下，如今竟無一人生還。縱使江東父老憐惜我，再度擁我為王，我又有什麼顏面接受他們的擁戴？就算他們不言批評，我項羽難道就不感到慚愧？」

亭長聞言，悲從中來，不由得放聲大哭。楚軍無不感歎而泣。

看開了以後，項羽倒相當冷靜，囑咐亭長說：「我深知您是位可敬的長者。這匹馬我已騎了五年，日行千里，所向無敵，是匹少見的名駒。我不忍心殺牠，現在就贈送給您，希望您好好地對待。」

亭長接過韁繩，千里馬卻長嘯一聲，直投江中。

項羽一聲長歎，下令剩餘楚騎全部下馬，徒步繼續和漢軍對抗，自己便奮勇砍殺漢軍數百人。

不久，敢死隊傷亡殆盡，項羽身受重傷，筋疲力盡，已無法再戰。回頭看到漢軍的騎司馬呂馬童也在包圍他的行列中，大聲喊道：「我們見過面，你還認識我吧？」

呂馬童向旁邊的漢將王翳說：「這個人就是項王啊！」

項羽高聲說道：「我聽說漢王懸賞千金，指名要我的首級，這件功勞就記在你頭上吧！」大聲朗笑，自刎而死。

王翳領先衝過去，割下項羽首級。圍在旁邊的漢營將領也來爭奪項羽的屍體，因而發生嚴重衝突，甚至舉刀相向，互砍而死者達數十人。最後由郎中騎楊喜、騎司馬呂馬童、郎中呂勝、楊武各得一部分。

事後，劉邦封呂馬童為中水侯，封王翳為杜衍侯，封楊喜為赤泉侯，封楊武為吳防侯，封呂勝為涅陽侯。

一代霸王慘遭分屍，也結束了長達四年的楚漢相爭。時為公元前二〇二年，項羽死時僅三十一歲。傑出的戰爭奇才，就此飲恨而亡。

項羽早年曾被楚懷王封為魯公，魯地是他的第一塊封地，魯公是他第一個正式官職。項羽去世後，楚國各地都向劉邦投降，只有魯地拒絕接受招撫。

漢營將領們均主張引天下諸侯軍隊殲滅之，劉邦卻不贊同。他認為天下已平定，像魯地這種守節為主、遵守禮儀的情操，是最值得推崇的，因此派遣特使持項羽首級，依禮節到魯地舉行祭祀，並進行招撫活動。

魯國父兄見劉邦遵守義禮，開城門投降。劉邦下令以魯公之禮葬項羽於谷城，並親自前往弔祭。祭典上，他感歎兩人從同事變成宿敵，為爭霸天下而一決生死，甚且悲從中來，飲泣不已。

項氏長老全數被赦免，並保留原來的地位。張良的至交、對劉邦有恩情的項伯，被封為射陽侯，其餘重要長老則分別封為桃侯、平皋侯、玄武侯，並賜以「劉姓」，以表王室恩寵。誠如項生前所言，劉邦是楚人，不至於給楚國長老太大的難堪。

我們都說大丈夫能屈能伸，可是，項羽呢？他很少失敗，一旦失敗，就失去了信心，不去檢討自己為什麼如此，而是感歎「天亡我也」，其實，要是他曾經歷過幾次失敗，就會知道「留得青山在，不怕沒柴燒」的道理，說不定還能扳回一城。可惜歷史沒有假設，楚漢相爭已在這一役分出勝負。

再來看劉邦。他的前半生可謂是屢敗屢戰，在項羽的面前，這個把「老子」掛在嘴上的人，不知做了多少回「孫子」，但從沒有人說他無能，最多說他臉皮厚而已。我們今天也應該奉行這樣的原則，實力不足之時，做做「孫子」又何妨？

第 28 章

封仇人爲侯

劉邦立即下令擺設酒宴，加封雍齒爲什方侯，又暗中下令丞
相、御史加緊計功，以便繼續進行封賞。群臣吃飽喝足後，
果然互相傳言：「雍齒都能封侯，我們還擔心什麼呢？」

打天下難，守天下更難。

當上皇帝之後，劉邦必需面臨的問題很多，論功行賞、賜封曾經為他流血流汗的功臣，就是其中之一。

張良沒有參加過戰鬥，沒有具體的功績，但劉邦自有處理方法。

當著群臣之面，他評價張良說：「運籌帷幄之中，決勝千里之外，這就是子房先生的功勞，你自己選擇齊地三萬戶作為封地。」

張良說：「我在下邳開始跟著皇上，這是上天的安排。皇上使用我的計謀，幸得有時奏效，我只希望得到陳留，不敢受三萬戶的重賞。」

劉邦因此封張良為留侯。

戰爭是激烈的，戰後評功論賞更是激烈，真是「丈夫有淚不輕彈，只當未至評級時」，此時，劉邦的下屬正處於這種情況。他大封功臣，但只封了二十餘人，其餘之人「日夜爭功不決」，沒法進行封賞，只得暫停下來。

一天，劉邦與張良在洛陽南宮閒坐，看見眾將領東一堆西一堆地圍聚，坐在沙地上，議論紛紛。

劉邦問：「這些人在談論些什麼？」

張良說：「皇上不知道嗎？他們準備謀反。」

劉邦驚道：「天下剛剛安寧，為什麼要造反？」

張良說：「皇上從一個平民百姓開始，帶著這些人，最終奪取了天下。如今貴為天子，獲封受賞的人都是蕭何、曹參等故人，誅殺的都是皇上平生所痛恨的人。這些人害怕您不能盡封，又怕被懷疑或追究過去的罪過，所以聚在一起，準備謀反。」

劉邦聽了，憂心忡忡，忙又問：「那該怎麼辦呢？」

張良說：「皇上平日最痛恨的人是哪一個？」

劉邦說：「我一直最痛恨雍齒。這人是我的同鄉，不過起事之初，我叫他守豐城，他卻叛變投了魏國。彭城之敗，他率兵窮追不捨，我差點被他抓住。我早就想殺了他，但見他後來立了不少戰功，所以不忍。」

張良說：「現在趕緊加封雍齒，讓群臣都知道這件事。大家看見雍齒得封，必然安心。連這樣的人都能得到封賞，何況是他們？」

劉邦立即下令擺設酒宴，加封雍齒為什方侯，又暗中下令丞相、御史加緊計功，以便繼續進行封賞。

群臣吃飽喝足後，果然互相傳言：「雍齒都能封侯，我們還擔心什麼呢？」

冊封自己最痛恨的人，這是絕大多數人都做不到的，可劉邦卻做到了。從這裡雖然不能看出他怎樣的能忍，卻能看出他馭人的高妙。

得民心者得天下，此為真理。

漢初，歷經年年爭戰，屍骨遍野，滿目瘡痍，百姓的生活處於水深火熱之中。看到

此情此景，劉邦在經濟上採取了與民休息的政策。

公元前二○九年到公元前二○二年，八年戰爭，空前激烈，人禍加上天災，天下百姓遇到了前所未有的大災難，甚至出現人吃人的慘況。劉邦的龍車配不齊四匹清一色的馬，王侯出入只能乘坐牛車。

面對這種情況，劉邦只得下決心醫治戰爭創傷，恢復社會經濟，發展農業生產，保證他的統治。

要發展農業，必須先解決勞動力問題。

漢初的勞動力情況如何呢？

《史記‧高祖功臣侯者年表》載：「天下初定，大數城民都已散亡，戶口可得而數者十二、三，是以大侯不過萬家，小者五、六百戶。」

《史記‧陳丞相世家》載：「高帝南過曲逆，上其城，望見其屋室甚大，曰：『壯哉縣！吾行天下，獨見洛陽與是耳。』顧（回頭）問御史曰：『曲逆戶口幾何？』對曰：『始秦時三萬餘戶，間者兵數起，多亡匿，今見五千戶。』」

漢初人口的銳減的確令人驚心動魄。這些人都到哪裡去了？不是因為戰爭、天災而死絕了，就是逃亡流落去了他鄉。

陶淵明的名作《桃花源記》，文中記載了一個神秘的地方，人們為逃避秦末之亂而躲入其中，「不知有漢，無論魏晉」。

明代有書記載：有人在山中發現一群「毛人」，見人就問：「秦始皇還在修長城嗎？」如果回答說：「還在修！」這些滿身長毛的人就會立即遠遁。

雖然這些都只是文學作品或傳說，但其中難道沒有一點真實歷史的影子？

劉邦爲了解決勞動力的問題，採取了一系列政策：

一、召集逃亡勞動力。

二、解放奴婢。

三、鼓勵生育。

四、大赦囚徒。

五、罷兵歸農。

此外，還減輕稅賦，節省開支，獎勵軍功，鼓勵農耕，限制商業。

漢雖然繼承秦制，但盡量減少戰爭，讓民眾休養生息，無疑是秦代制度所沒有的，不能不說歷史已經向前邁進了一步。劉邦因此贏得了民心，爲大漢帝國後期的繁榮奠定了基礎。

第 **29** 章

做皇帝的滋味

漢七年十月初一，各國諸侯、文武百官，黎明即起，身著朝
服，齊到長樂宮前，依照職位高低排列整齊，等候朝見皇
上。劉邦高興地說：「我今天才知道當皇帝的尊貴！」

叔孫通對於漢朝的主要貢獻，在為劉邦制定朝儀。這些制度與漢初政權機構相呼

應，對維護皇帝的最高統治權威起到重要作用。

叔孫通是薛（山東滕縣東南）人，秦始皇時代憑藉文才學識為待詔博士，大概相當

於今天的候補博士。

過了幾年，陳勝、吳廣起義，秦二世胡亥知道後，召集眾位儒生、博士計議此事。

秦二世問說：「楚地戍卒攻下蘄（安徽宿縣南），佔領陳（河南淮陽），各位有何

高見啊？」

儒生、博士三十多人一起走向前去，紛紛說：「人臣反叛，格殺勿論，望皇上發兵

征討！」

秦二世十分忌諱「反叛」，聽儒生、博士這麼一說，臉色頓時大變。

這小皇帝實在是莫名其妙，天下本來已經開始「反叛」，他卻不喜聽見。史書曾記

載，出使之人回來後，報告有人造反，秦二世大怒，把此人送交法庭審判。從此之後，

無人再奏。秦二世問及，人們只能說「幾個小賊，早已被地方官吏剿滅」。自閉耳目，

自取其禍。

叔孫通極善察言觀色，急忙向前啟奏：「這些人都是胡說八道！現在天下合為一

家，毀諸侯城邑，收天下兵器，代表太平時代已經到來。況且明主高坐，普施法制，人

人奉公守法，四方臣服，哪裡還有反叛之人？楚戍之事，只不過是偷雞摸狗之徒所為，

何足掛齒！下令叫郡縣官吏派人擒拿即可，皇上盡可高枕無憂。」

秦二世聽了叔孫通的話，完全不明言外之意，回頭又去盤問那些「不識時務」的儒生。當中有的仍說是「反叛」，有的改口說是「盜賊」。他下令將那些說「反叛」的儒生皆下獄，依法審判，那些說「盜賊」的儒生得以安全返回。

秦二世很欣賞叔孫通，賜給他錦帛二十匹，還拜為博士。因為幾句話，就從候補博士變成了博士，叔孫通肯定是高興而回。

事後，一些儒生責罵他說：「先生為何如此阿諛奉承？」

他說：「沒辦法，不然難逃此劫！」

不出幾日，叔孫通從咸陽逃回老家薛地，當時薛地已經歸楚。不久，項梁大軍到達薛地，叔孫通前去投靠。項梁死後，他自然依附項羽。劉邦攻入彭城，再歸順劉邦。劉邦大敗而逃，他也跟著逃走。

叔孫通是個儒生，自然穿著儒服，幸好沒有戴儒冠，否則又要被劉邦用來撒尿。知道劉邦憎厭儒服，他乾脆脫下儒服，換上楚製短衣。劉邦因此相當喜歡他。

歸順劉邦時，叔孫通帶著一百多儒生弟子，但他從不向上推薦，反而專門推薦一些武勇之士。

弟子們見狀，議論紛紛：「我們追隨先生多年，如今又跟著歸附漢王，先生卻只舉薦那些勇夫，而不推薦我們，這到底是為什麼？」

這些話傳到叔孫通的耳裡，他於是召集諸位弟子，開導說：「漢王正在爭奪天下，你們哪一個能夠馳騁沙場，攻城掠地？所以我只能舉薦武勇之士。等漢王奪得天下，我當然要推薦你們。專心讀書，好好地等著，我怎麼會忘記呢？」

叔孫通是一個識時務者，俗話說識時務者為俊傑，他的確是。不久，劉邦拜叔孫通為博士，號稷嗣君。

漢五年（公元前二〇二年），劉邦統一天下，在定陶當上皇帝，廢除了秦朝的一切苛刑儀法，朝廷上一片混亂。「群臣飲酒爭功，醉或妄呼，拔劍擊柱，高帝患之」。

叔孫通探知這一系列情況，決定遊說劉邦重建朝儀。

起義之前，劉邦本來是一個農民，雖然當過亭長，但行為放蕩，常惹他父親劉老太公生氣。劉邦稱帝之後，卻成了一個孝子。

劉邦只要在首都櫟陽，就經常去看望劉太公，每次朝見，禮節甚周，並且規定五日一朝，從不耽誤。其實，劉邦已經開始從自己做起，為全國百姓樹立學習的榜樣。

太公家令不知是受人啟發，還是心有靈犀一點通，勸告太公說：「天無二日，國無二王。皇上雖然是太公您的兒子，但也是天下人主；太公雖然是皇上的父親，但也是人臣。您怎麼能讓人主朝拜人臣呢？如果這樣，皇上怎麼能威重天下？」

沒過幾天，劉邦又來朝拜太公。

劉老太公聽說兒子前來，急忙拿著一把掃帚跑到門口，邊走邊後退迎接。

劉邦見狀，慌忙下車，驚問：「父親大人，這是在做什麼？」

太公忙說：「皇帝是天下人主，普天之人共仰，怎能為我一人而亂了法度呢？」

劉邦得知此事由來，便尊太公為太上皇，賜給家令五百斤黃金。並從家裡之事推想到國家之事，覺得朝廷上也應該有個禮儀。

叔孫通瞄準這一機會，準備一展宏圖。

他說：「儒家之道，的確難以用來爭奪天下，但是可以用來穩定天下社稷。我請求到魯地招募儒生，一起制定朝儀。」

此言正中劉邦的下懷，問道：「這施行起來是不是比較困難？」

叔孫通知道劉邦最怕繁文縟節，回答說：「五代三王禮樂不同，有增有減。禮儀要根據時代、人情進行必要的改變。我準備參考古代儀禮，再參照秦代儀禮，制定出一套新的儀式來，不會很繁瑣。」

劉邦說：「你就去試著辦吧！一定要簡單明瞭，以我能夠做到為準。」

叔孫通奉旨行事，又重新操起了老本行，前往魯地，招募到三十多位儒生。其中有兩位不願西入櫟陽，對他說：「你這人先前在秦為博士，接著又到項王手下，現在又到皇帝手下，所事之主快到十個了吧！你實在是因為善於阿諛奉承，才得到今天的顯貴。天下剛剛安定，死者未葬，傷者未癒，又興風作浪，搞什麼禮樂？禮樂是那樣容易搞的

嗎？至少要積百年之德，才可能興起。我等不願意看到你的這種所作所爲。快走，不要

污辱了我們！」

叔孫通並不生氣，笑著說：「你們這群書呆子真是迂腐到家了，時代已經發生了翻

天覆地的變化，你們還是這個老樣子！」

看來，要興禮儀，也不是一帆風順，儒生們也未必理解。

叔孫通帶著三十人同返都城，召來原來弟子百人等，操練月餘之後，請劉邦去看彩

排。

劉邦觀摩完畢，滿意地說：「這些事我辦得到！」

回到宮中，下旨群臣都要去學習朝儀，次年歲首開始施行。

漢七年（公元前二○○年）十月初一，即漢制歲首，各國諸侯、文武百官，黎明即

起，身著朝服，齊到長樂宮前，依照職位高低排列整齊，等候朝見皇上。

侍衛郎中和中郎執朝侍衛分陣排列，林立於廷中。這些人都全副武裝，手持兵器，

旗幟鮮明，從殿門到劉邦的主殿之間，有數百人之多，氣氛一下子嚴肅起來。

功臣、列侯、諸將軍、軍吏依次排於西方，面向東。文官由丞相率領，依官職高低

排列於東邊，面向西。接著才宣告皇帝輦車出房，百官持職、傳警，引諸侯王以下至六

百石官吏，依次序逐一奉賀。此時，每人都爲禮儀之莊嚴感歎。

朝禮畢，置酒宴。依禮節，飲酒不得醉。諸侯百官坐殿上，先低頭敬禮，然後仰頭

行祝酒禮。按照尊卑次序，一個接一個向皇帝敬酒，並祝健康長壽。

每人飲九杯後，侍從官便宣佈罷酒。這時，御史舉法為評判，如有動作不合禮法者，便喝令離去。

君臣置酒終日，沒有一個人膽敢失禮嘩亂，與往常的鬧酒喧嘩完全不同。

朝拜賜宴完畢，劉邦起駕回宮，群臣跪送。

回宮後，劉邦召見叔孫通，高興地說：「真爽！我今天才知道當皇帝的尊貴！」

叔孫通制定朝儀有首創之功，劉邦給予重賞，「拜叔孫通為太常，賜金五百斤」。

他趁機再進言：「我的弟子和儒生跟著我一起研究，希望皇上念其辛勞，各賜一官，以安眾心。」

劉邦降旨，這些人都當上了郎官。

叔孫通謝恩而退，喚各位子弟、儒生來見，傳達旨意，將所得的賞金全部分贈。眾人盡皆歡喜，都讚頌說：「叔孫先生誠聖人也，知當世之要務。」

叔孫通青雲直上，兩年之後，被拜為太子太傅。

我們再來看看，劉邦是如何重用一介書生陸賈。

陸賈是楚國人，以客卿的身份，隨同參加了反秦戰爭和楚漢戰爭。由於能言善辯，學富五車，滿腹經綸，因而常常作為使者，完成各種複雜而艱巨的任務。

進軍關中的道路上，他奉劉邦之命，收買守衛嶢關的秦將，使之喪失警惕，爲起義軍突襲臨關創造了有利條件。楚漢戰爭中，又是他作爲漢軍的使者，前往楚軍軍營，說服項羽釋放被掠爲人質的劉邦父親和妻子。劉邦初定天下，他曾憑三寸不爛之舌遊說南越王拱手稱臣，被封爲中大夫。

陸賈讀過許多先秦的典籍，對儒家的《詩》、《書》等文獻也很有研究，在跟劉邦交談時，經常加以引用和宣揚。

有一次，他又在津津樂道地稱引《詩》、《書》，劉邦聽了很不耐煩，說道：「老子的天下是馬上奪來的，讀《詩》、讀《書》要幹什麼？」

陸賈說：「皇上在馬上奪得天下，難道要在馬背上治理天下？商湯周武用武力奪取天下，而用文治管理天下，文武並用，才是長治久安之策。吳王夫差、晉國智伯，崇武而滅亡；秦國嚴刑苛法，滅亡在趙高手裡。假使秦國統一天下之後行仁義，法先聖，皇上今天能坐在這座宮殿裡嗎？」

劉邦聽到這裡，面有愧色，趕緊說：「那你就幫我好好研究一下，秦國爲什麼失去天下？我憑什麼取得天下？以及古代國君成功與失敗的經驗和教訓。」

正是在這一背景下，產生了陸賈精心創作的《新語》一書。該書共十二篇，史載陸賈每寫好一篇，即呈送上去。

劉邦讓他在群臣面前宣讀。每一篇不僅都得到劉邦的高度讚揚，群臣聽了，也都情

不自禁地高呼萬歲。

劉邦親自給這部書起了一個名字，號曰《新語》。顧名思義，就是它說出了從未聽說過的新鮮話語。顯然，《新語》一書，解決了漢初統治集團上上下下都普遍關心的問題，成為君臣們的政治教科書。

陸賈《新語》一書，是西漢皇朝「地主階級」的理論家，對秦亡的教訓和劉邦獲取天下成功經驗的總結，也是第一次把儒、法、道融合在一起而提出來的理論。它以「無為」為最高政治理想，以仁義、禮法、任賢為基本內容，為西漢的長治久安，創建了思想理論基礎。

第 **30** 章

大家一起做忠臣

丁公被武士拿下，劉邦說：「我怎麼不記得？正因為記得你，
所以才拿下你。當年你為楚國大將，卻在戰場上放走主要敵
人，為臣不忠，使得項王丟失天下，罪該萬死！」

季布是項羽手下大將，曾屢次帶兵圍困劉邦。

項羽垓下大敗，被張良吹散八千子弟兵，他也在那時逃之夭夭。劉邦當上皇帝之後，懸賞千金捉他和鐘離昧。

季布逃到了濮陽周氏家。周氏說：「漢皇帝懸賞擒拿你，十分緊急，有敢窩藏之人，罪滅三族。如果將軍能夠聽我的計策，我就給你出一計，如果不聽我的計策，你就自刎而死吧！」

季布從垓下戰場上逃出，就是為了避死，聽到周氏之語，只得求計。周氏把他剃成光頭，穿上奴才的衣服，與家僮十人一起裝在柳條車中，運到魯地賣給朱家。朱家乃俠義之人，看出此奴是季布，為他買田置地。

有一日，朱家告誡他的兒子說：「家中之事都要聽從此奴安排，你必須餐餐與他同食。」

安排完畢，朱家乘坐軒車直到洛陽，拜見汝陰侯滕公夏侯嬰。夏侯嬰留住他宴飲數日，兩人關係日密。

朱家趁機問：「季布犯了什麼大罪，為什麼皇上懸賞捉拿如此緊急？」

夏侯嬰說：「季布這傢伙多次追趕皇上，皇上十分怨恨，所以一定要抓到他，以洩心中之忿！」

朱家說：「滕公看季布，是一個什麼樣的人？」

夏侯嬰答：「是一個賢人。」

朱家說：「人臣各爲其主，季布是項羽的下臣，爲項羽盡心盡力，乃是本分。難道只要是項羽的手下之人，就必須誅盡殺絕？如今皇上剛剛取得天下，就以一己之私懸賞擒拿一人，心胸怎麼如此狹窄？況且，以季布的才能，而漢皇威逼、追趕如此之急，那麼他不逃亡匈奴，就會投奔南越。猜忌壯士，即助長敵國，伍子胥最後把楚平王鞭屍三百，就是最爲生動的歷史教訓！滕公是近臣，怎麼不向皇上說明這個道理？」

夏侯嬰知道朱家素有俠義之心，懷疑季布藏匿在他那，於是答應請求，去勸劉邦。

聽了夏侯嬰的話，劉邦果然赦免季布，並召見他。季布辭謝，劉邦封爲郎中。後來，季布的確不負重望，爲漢家天下出了不少良謀妙策。

見季布被劉邦拜爲郎中，季布的同母異姓弟丁公也想分一杯羹。

丁公是楚將，在彭城之戰中曾經義釋劉邦。事情是這樣的：

彭城戰役中，劉邦被項羽打得大敗，幸好一陣大風吹來，讓他僥倖逃出重圍。大風稍停，項羽重整兵馬，劉邦卻已不知去向。范增頓足，忙勸項羽務必擒下劉邦，否則將來難有機會。

項羽立即差丁公、雍齒率領三千騎兵，星夜追趕。

二人得令，帶兵向東南大道奔去。

劉邦邊跑邊想：要不是這一陣狂風，一定成了刀下之鬼！正暗自慶幸之際，後邊塵土大起，追兵已到，殺盡手下之人。丁公一馬當先，直逼眼前。

劉邦勒住馬頭說：「我到了這個地步，已經不能逃了。俗話說：『賢者不相威逼』將軍如果憐惜我，就讓我遠遁，他日得意，絕不相忘。如果不顧我如此孤弱，我自縛而降，接受項王烹殺。」

丁公說：「今日之事是君王大事，我不敢以私廢公。大王可策馬南行，我放數箭，裝作追捕狀，讓三軍將士不起疑。」

劉邦於是策馬朝東南方向狂奔而去。丁公拔箭，摳去箭矢，連發數箭後回去交差，不久碰上了雍齒。

雍齒問：「將軍看到漢王沒有？」

丁公說：「差點追上漢王，我連射數箭，可惜被他逃脫。」

雍齒說：「將軍既然已經追上，豈可讓他輕易逃去？一定還未走遠，務要捉住才是！」說完率兵奮力追趕。

項羽被滅之後，丁公也像季布、鐘離昧一樣，先躲藏起來，直到季布當上了郎中，覺得時機到了，才請求拜見。

劉邦見到他，並不賜坐，只說一聲「拿下」！

丁公被武士拿下，忙說：「皇上不記得我了？我是丁公！」

劉邦說：「我怎麼不記得？正因為記得你，所以才拿下你。當年你為楚國大將，卻在戰場上放走主要敵人，為臣不忠，使得項王丟失天下，罪該萬死！」

靠！怎會這樣？丁公目瞪口呆，說不出一句話。

劉邦下令將丁公斬首示眾，號令天下：「使後世為人臣者無效丁公！」

劉邦招降納叛，何止一人？他為什麼賞仇人季布，而殺掉恩人丁公？

目的只有一個：天下之人只能忠於漢朝天子，不能再三心二意！時代已經不同了，丁公當然該誅。

第 **31** 章

大誅異姓王

韓信進帳，正要行禮，只聽見劉邦大喝：「拿下！」話音未落，旁邊閃出一群如狼似虎的武士，剎那間，百戰百勝的大軍統帥，已被數條繩索捆得結結實實。

對於異姓王，劉邦是很不放心的。天下不太平的時候，他不得不慷慨施捨，一旦天下穩定，他就要大打出手了。

首先碰在槍口上的是燕王臧荼。

漢五年七月，劉邦聽說臧荼造反，不問青紅皂白，立即興兵，御駕親征。臧荼聞訊，慌了手腳，只得興師相抗。

然而燕軍厭戰，數量上又遠不及漢軍，只幾次交鋒，臧荼就被擒，劉邦下令梟首示眾，其子臧衍逃往匈奴。

劉邦平定燕地後，偏愛他的兒時夥伴盧綰，欲封他為燕王，但是盧綰戰功平平，只得暗示左右，令眾官推薦，趁機封他為燕王。

其實，殺燕王臧荼，是劉邦消滅異姓王的演習，但他還不能太早表現出翦除異姓王的姿態，只得封盧綰為燕王。

之後，他經常用「聽人說」當藉口去翦除異姓王，最為明顯的就是韓信。

韓信歸附劉邦之後，滅三秦，收魏豹，斬夏悅，敗強趙，定大燕，襲擊齊國，水溺龍且，垓下一戰徹底打敗項羽，奠定了大漢江山。

劉邦即使與項羽激戰之時，也十分關注內部的敵對力量，對於韓信尤其如此。消滅項羽之後要做的第一件事，就是削掉韓信的兵權。

話得從頭說起。

消滅項羽之後，劉邦西回定陶，馬不脫鞍，人不下馬，來到韓信大營。

韓信見劉邦駕到，立即迎接。

劉邦一坐下，開口就說：「將軍統帥大軍，屢建奇功，剿滅項羽，我終身不會忘記。如今強敵已滅，兵戈漸少，將軍也應好好休息。我不忍讓你繼續受兵成之苦，請交出兵符印信，返回封地過幾天太平日子。」

韓信明白其中深意，礙於面子，沒說什麼，取出兵符印信送還劉邦，從軍營中移出，自去驛館安息。

過幾天，韓信欲返齊，忽聽漢王詔令，忙去聽旨。

只聽劉邦說：「項羽已滅，楚地無王，何以鎮之？我考慮去考慮來，只有將軍有此能力。將軍本是楚人，熟悉楚地風俗，瞭解楚地民情，現改封你為楚王，將軍不要推辭。齊地只有七十餘城，楚地有八十九城，這也算獎賞將軍大功！」

韓信明知原委，但同樣不便明說，只得交還齊王大印，換取楚王大印，奉命回下邳當楚王去。

儘管如此，劉邦依舊不放心。不久後發生了一件事，讓他下決心扳倒韓信。

項羽手下有兩員大將，一個叫鐘離昧，一個叫季布，項羽滅亡後，兩人逃亡民間。鐘離昧與韓信是好朋友，所以偷偷地投靠了韓信。劉邦曾經下詔，懸重賞追捕季布與鐘離昧。

得知鐘離昧在韓信處，劉邦立即派使臣囑他交出。韓信不忍，推說那裡沒有

此人，將使者遣回。

漢五年（公元前二〇一年）冬，有人上書說韓信要謀反——注意，又是「有人」！

劉邦大驚，忙召眾將商議。

很多將領本來十分嫉妒韓信，一聽此言，紛紛表態：「發兵攻打，烹了這小子！」

劉邦何嘗不想「烹了這小子」，但是他知道自己有多大能耐，能夠當皇帝，就是因為他有自知之明。

沉默良久，他又叫諸將退下，秘密叫人請陳平計議。

劉邦當上皇帝以後，張良這位帝師藉口有病，功成身退。劉邦有為難之事，自然只能找陳平。

陳平考慮再三，才問：「皇上怎麼知道韓信要反？」

「有人跟我說，鐘離昧藏在楚王韓信那裡，我派人調查，確實如此。但是韓信上書說鐘離昧不在他那裡，這是抗旨不遵，巧言欺朕。我因他平定天下有功，放他一馬，但是近來又有人密告，說他準備謀反！」

陳平問：「諸將是什麼態度？」

劉邦說：「各位都很氣憤，勸我發兵，烹了這小子。」

「皇上的兵馬，能不能戰勝楚兵？」

「難說得很！」

「皇上手上大將，哪一個可與韓信相比？」

沉默一陣，劉邦道：「找不出來。」

陳平說：「兵卒不敵楚士，將領不如韓信，皇上如果出兵征討，韓信本來不反，也只有反到底了。兵戈相見，勝負難料，實非良策！」

劉邦說：「不出兵征討，又該怎麼辦？」

陳平問：「韓信知不知道有人告他謀反？」

「想來不知。」

陳平獻計說：「古時，天子經常巡獵四方，召見各地諸侯。南方有一大澤，名叫雲夢澤（潛江西南），皇上可仿照古代帝王出巡雲夢，詔令天下諸侯相會陳地。陳地在楚國邊界，韓信必然會來拜會。到那時，一夫之力足以擒拿，何用千軍萬馬？何況千軍萬馬還不一定拿得住。」

劉邦聞言，連稱妙計，立即下詔，遣使四出，告知諸侯，高祖要出遊雲夢，詔令諸侯到陳地會齊。

韓信得到劉邦詔令，心中懷疑不決，劉邦曾經幾次奪去他的兵權，這一次不知道又有什麼陰謀。但是陳地與楚國邊界相連，不去拜見，怕失臣禮，恐生禍端。進退兩難，焦急不安，只好在楚王府裡走來走去。

食客說：「大王之所以受到皇上懷疑，不過是收留鐘離昧之事。大王如果斬鐘離昧的首級送給皇上，必然盡釋前嫌，大王自可高枕無憂。」

韓信這時可能缺一個心眼兒，覺得此言有理，便請來鐘離昧議論。

還沒說幾句，鐘離昧已知他的意圖，不高興地說：「大王以爲我在這裡，讓你得罪了劉邦？」

韓信不自然地點了點頭。

鐘離昧說：「劉邦不敢發兵攻楚，就是怕我和大王聯合。你今天把我獻給劉邦，他明天就會擒你。」

本以爲韓信這樣精明的人，必然知道其中利害，誰知韓信對此無動於衷。鐘離昧長歎一聲，「我看錯了人，不該來投靠你！」說完，拔劍自刎而死。

韓信令人割下鐘離昧的頭裝斂起來，準備獻給劉邦，以推卸自己的責任。

到了約定之期，劉邦從洛陽來到陳地，安排好天羅地網，專候韓信。

韓信只帶幾個心腹，拿著鐘離昧的首級，到陳地去拜見。

劉邦聽到報告，大喜若狂，一顆心差點跳到了嘴裡。

韓信進帳，正要行禮，只聽見劉邦大喝：「拿下！」話音未落，旁邊閃出一群如狼似虎的武士，刹那間，百戰百勝的大軍統帥，已被數條繩索捆得結結實實。

韓信大呼：「皇上爲什麼擒我？」

劉邦緩緩地說：「有人告你謀反！」

韓信雙目微閉，終於領悟，「狡兔死，走狗烹；飛鳥盡，良弓藏；敵國破，謀臣亡。項王已死，我確實應該殺。」

劉邦聽從陳平之計，智擒韓信，帶回洛陽後，頒詔發令，大赦天下，可見他把韓信看得何等重要。

劉邦不是不想殺死韓信，但此人對於漢朝的建立，功勞實在是太大了。這樣做，恐傷天下人心，特別是那些開國功臣的心。

大夫田肯的一段話，十分耐人尋味。他說：「皇上一下子就制服了韓信，三秦大地如握掌中。秦國故地山高險固，虎踞龍盤，東出威懾諸侯，猶如高屋建瓴，秦地兩萬之兵，可阻諸侯百萬之師。還有齊國之地，東有琅琊、即墨的富饒，南有泰山險固，西有黃河天塹，北有渤海之利，方圓二千里，也是英雄所居之地，齊國兩萬之兵可敵諸侯二十萬之師，這就是人們常說的東西二秦地。大王親自鎮守關中，而那東齊之地，如果不是自己的親子親弟，千萬不能叫他當齊王。」

劉邦聽了田肯的話，連連稱「善」，「賜黃金五百斤」，但退而細思田肯之語，其中似乎也隱含求赦韓信之意。

韓信的功勞主要有三大方面：一是平定三秦，二是平定魏、代、趙、燕、齊，三是垓下滅項羽。田肯的一席話，明講秦地、齊地的形勢地貌，暗中則告訴劉邦，不要太跟

韓信過不去。

如此過了十多天，劉邦下詔將韓信降爲淮陰侯，把楚地分爲兩國，淮東號爲荆地，封從兄劉賈爲荆王；淮西仍稱楚國，封少弟劉交爲楚王。齊地自從改封韓信爲楚王後，一直未封，劉邦封其外庶子劉肥爲齊王，任命曹參爲相。代地自陳餘死後，一直未封，他便封二兄長劉仲爲代王。

接著，劉邦大封功臣。受封功臣大部分都認爲自己的爵位應該高一些，俸祿應該多一點，盡皆心懷不滿。心中最不滿的，自然數韓信，但他只有「日夜怨望，居常怏怏，羞與絳（周勃）、灌（灌嬰）等列」。

《史記·淮陰侯列傳》載有這樣一段故事：

信嘗（曾經）過樊將軍噲，噲跪拜送迎，言稱臣，曰：「大王乃肯臨臣！」信出門，笑曰：「生乃與噲等等爲伍！」

不難看出，他心中是何等不滿。

韓信覺得自己於國有功，沒有反心，常常主動表示善意。他與劉邦談到自己用兵「多多益善」的故事，足以說明這一切。然而劉邦決心已定，決無再起用之意。

史書記載，公元前二○○年，匈奴舉兵伐代，代王劉仲棄國逃跑，被劉邦降爲合陽

侯，另封寵子劉如意爲代王。

劉如意當時只有八歲，劉邦派陳豨爲相去代地鎮守。陳豨臨去前跟韓信告辭，於是傳出韓信勾結陳豨造反的謠言。

陳豨是劉邦心腹，曾帶五百人隨劉邦入關，在韓信手下爲將，得到信任。其實不過是勇夫，缺乏大將之才。

公元前一九七年，陳豨反叛，劉邦親征，關中之事，內託呂后，外委蕭何。趁這個機會，兩人聯手把韓信殺了，還滅了三族。

劉邦平定陳豨之後回京，知道韓信已死，「且喜且憐之」，問呂后：「韓信死的時候，說了些什麼？」

本以爲韓信會罵他忘恩負義，韓信說的卻是「恨不用蒯徹計」。

經過一番舌戰，劉邦最後赦免了蒯徹。

劉邦做事可算浪漫得很，但又不失精明，蒯徹只不過是一個弱者，殺之何益？而韓信，作爲一個智勇雙全的大將，即使他不反，對皇權而言，也是一大威脅。

到了刀已經架到脖子上之時，韓非才終於明白了蒯徹之語。可惜，世上沒有後悔藥賣。對此，後世之人有許多議論。至今仍流傳著這樣一副對聯，叫做：「生死一知己，成敗兩婦人。」這句話的意思是，韓信的生死，全在於知己蕭何一人身上；而韓信的成

功與失敗，都掌握在他曾乞食的漂母和呂后這兩個「婦人」手中。

另有一句成語「成也蕭何，敗亦蕭何」，其源也出於此。

韓信的謀反，歷來受到人們懷疑。

韓信擁有三齊大地之時不反，兵權在握之日不反，當楚王的時候不反，而今竟去依靠一個匹夫陳豨而反，大大令人懷疑！依照韓信的能力和眼光，難道會看不出陳豨是何等人？所以韓信被誅，主謀是劉邦，劊子手是呂后，幫兇是蕭何，這樁謀反案完全是一樁冤案。

再來看看劉邦對韓信的態度。

其實，劉邦從來都看不起韓信。要不是張良留書，蕭何力薦，他是不會重用一個「胯夫」的，因為他多少還明白什麼是英雄氣節。

即便劉邦曾把張良、蕭何、韓信三人說成「三傑」，並說「吾能用之，此吾所以取天下也」，卻沒有真把韓信看做是英雄，而是處處以小人之行來防，並用話來套他的心思。韓信被蕭何用計騙回，被呂后殺害，劉邦乃至眾臣一點也不感到惋惜與震驚，還「且喜且憐之」。

可無論如何，韓信畢竟是個軍事奇才，非莽漢、匹夫之流所能比擬。

司馬光在《資治通鑑》中將人分為四類：「才德全盡謂之『聖人』，才德兼亡謂之

『愚人』，德勝才謂之『君子』，才勝德謂之『小人』。」

由此來看，韓信只能居於「小人」之列。司馬光說「小人」的本性是「挾才以為惡」，劉邦及蕭何等臣民之所以提防韓信，就是怕他「挾才以為惡」。

韓信爬過人的胯下後，「一市人皆笑信，以為怯」，或許是真的膽怯，小人失勢時，總是盡力阿諛溜鬚，甚至連自尊都可以捨棄。

如果甘受「胯下之辱」，真如民間所言是「不屑以將才之命，抵償無知狂徒之命，不屑棄鴻鵠之志，而與燕雀之爭」的「壯舉」，那麼後來不聽蒯徹忠言，不聽武涉之說辭，終被劉邦降職，被呂后計殺，只能說是「工於謀天下，拙於謀自身」。

不過，即使韓信「工於謀自身」，怕也難逃此劫，因為劉邦連自己的女婿張敖、好友盧綰都沒放過。

第32章

下一個輪到誰？

彭越硬著頭皮跟著陸賈進京。不想來到城門邊上，竟見扈輒
懸門而諫，泣淚説：「我今天有倒懸之苦，大王見而救之。
大王若去，必有倒懸之危，誰去救呢？

收拾張敖之後，劉邦的刀指向了「漢初三大將」之一的彭越。

彭越是昌邑人，字仲，長期在巨野澤中捕魚、劫掠，海中的叫海盜，彭越在湖澤之中，可稱為「湖盜」或「澤盜」。《史記》說他「為群盜」。

陳勝、吳廣起義之後，他的同夥曾勸他說：「如今天下豪傑並起，紛紛叛秦自立，你也可以組織一批人馬效仿他們，弄個官來當當，總比在這裡當盜賊強！」

彭越說：「如今兩龍方鬥，我們再等一等，看準機會再行事。」

過了一年左右，巨野澤中「群盜」聚在一起，共有一百多人，去找彭越，求告說：

「你來當我們的頭目吧！」

彭越推辭說：「我不能當各位兄弟的頭目，我的能力不夠。」

眾人強求不已，最終只得應允。彭越說：「既然這樣，明天早晨在這裡集合，遲到的人就要被斬首！」並反覆告誡群盜要記清楚，聽明白。

第二天，絕大多數強盜準時到達，但是有十幾人遲到，最後一個人到達時，已經是中午。彭越集合群盜訓話：「眾位兄弟強推我為頭頭，如今約定會齊，但是遲到的人很多，不可能全部殺了，只好把最後到的那個人斬首示眾！」說完，下令他剛委任的司法官行刑。

眾盜都笑著說：「何必如此認真？今後不遲到不就行了。」

彭越大怒，親自將最後遲到者斬首，設立祭壇，號令群盜。群盜大驚，十分害怕，

沒有人再敢違犯命令。

彭越帶領部屬行軍占地，收羅諸侯散兵游勇，很快發展到千餘人。不久劉邦西進，兩人一同攻打昌邑。昌邑未下，劉邦為了去爭「關中王」，引兵而西。彭越依舊在巨野澤中招兵買馬，等候時機。

彭越是劉邦三大將之一，長期堅持敵後作戰，截斷項羽糧道，焚燒楚軍輜重。垓下一戰，出兵相助。雖不及韓信，但是功不可沒。

自從張敖被貶，韓信被擒，他也是個聰明人，時時注意，處處小心，生怕有朝一日禍從天降。陳豨謀反，劉邦下令彭越出兵相助。但是彭越怕重蹈韓信覆轍，只派屬下率兵到邯鄲相助，自己稱病不往。

劉邦心懷不滿，遣使責備。彭越害怕，準備親去謝罪。

部將扈輒勸告說：「大王開始的時候不去，現在又去，豈不是自投羅網？去了，難免和韓信的下場一樣。與其束手就擒，不如起兵自立。西進關中，大事可成。」

彭越說：「劉邦待我不薄，起兵叛漢，有失忠信。」遂不聽扈輒之言。

彭越手下有一太僕，獲罪於他，準備斬首，而後私下逃往長安，途中遇到劉邦，聲稱有機密事報告。

劉邦問：「你是何處人？有什麼機密？」

太僕說：「我是梁王太僕，雖然事奉梁王，實際上還是漢臣。梁王與部將扈輒共謀

叛亂，下臣冒死特來報告。」

劉邦說：「說詳細點。」

太僕說：「第一，近日梁王召集兵馬，欲從梁地謀反。第二，前日皇上親征陳豨，下詔增兵協助，梁王說怕重蹈韓信覆轍，稱病不往。第三，聽說韓信被殺，他痛哭流涕，立即下令整頓三軍。我見到梁王謀反在即，不顧生命，特向皇上告急。」

劉邦急忙問計於陳平。

陳平說：「彭越看到韓信被誅，物喪其類，難免會生出謀反之心。為了謹慎行事，可派一名使者宣召進京。如果他來了，就是沒有反心，廢置不用就好；如果他不來，就是謀反，派兵征討，師出有名。」

劉邦於是命大大夫陸賈去召彭越。

彭越問：「大夫專程來此，為何？」

陸賈說：「梁太僕密告皇上，大王有謀亂之意，但是言語錯亂，前言不搭後語。皇上懷疑太僕跟大王有矛盾，故意誣告大王，所以召你與太僕對證，分清是非，重敘君臣之好。」

彭越說：「這個人一向政事俱廢，我正準備處罰他，不想他還去捏造這種無端的罪名。既然皇上叫我對質，我便奉命而行。凡事都必須拿出證據，豈可憑一面之詞？」

彭越置酒款待陸賈一行，準備行裝，次日即行。彭越部下很多人認為此去凶多吉

少，勸他莫去。

大夫扈輒說：「大王此行不妥，去必生禍。前日皇上擒韓信，就是用這種方法，皇上是可以共患難，但不可以同富貴的人。大王如果去，必有韓信之禍！」

彭越說：「韓信有罪，我沒有罪，我如果不去，太僕之言不是假話變真了？皇上還以為我真反了！」

扈輒說：「功高者必遭忌恨，位極者必被懷疑。大王功高位極，皇上正在猜忌你，就算你沒有反心，也必然尋事陷害，性命難保。」

彭越聞言，半晌不語。

陸賈說：「扈大夫之言，不過是眼前之計。如果大王不去對質，皇上一定親率大軍征討，陳豨、韓王信就是例子，那時才真是悔之晚矣。」

彭越也想不出妙計，只得硬著頭皮跟著陸賈進京。不想來到城門邊上，竟見扈輒懸門而諫，連忙令人解下。

彭越說：「大夫何必如此苦諫？」

扈輒泣淚說：「我今天有倒懸之苦，大王見而救之。大王若去，必有倒懸之危，誰去救呢？我絕對不容許大王像韓信那樣說『悔不聽蒯徹之言』！」

彭越致謝說：「大夫之言善，但我無法聽從。」

扈輒嚎哭而去。

彭越來到京師，劉邦召入相見，劈頭就責問：「我親征陳豨之時，召你出師，你為何不到啊？」

彭越說：「我的確有病，不是抗旨不遵。」

「你的太僕告你謀反，你有什麼話說？」

「此人不理政事，我正要處罰他，因而懷恨，誣言陷害，望皇上明察，當面對質，不要被小人所欺。」

劉邦下詔叫廷尉審問彭越謀叛一案，尚未得到回報，忽有一人候於朝門，要見皇帝，於是叫人領進。

劉邦問：「你是什麼人？」

來人說：「我是梁王大夫扈輒。」

劉邦問：「你來幹什麼？」

扈輒說：「皇上被困滎陽，如果不是梁王斷絕楚軍糧道，展開全面的游擊戰爭，會有今天嗎？梁王屢建大功，而皇上只聽到一個逃奴的無稽之談，就要殺戮有功之臣，唯恐天下人人自危！」

劉邦思考一會兒，說：「彭越謀反，本該斬首，看你說得有理，姑且廢為庶民，遷居蜀地青衣縣。」

彭越本無反意，如今落此下場，難免傷心落淚，奉詔前往蜀地。

這時，呂后剛好從長安來洛陽，在路上碰到了彭越。彭越拜伏路旁，落淚哀求，哭訴自己忠於漢室，絕無叛意，乞請說情，求皇上開恩，放他回到故鄉昌邑。呂后假裝安慰，當面應允，一同返回洛陽。

劉邦聞訊，朱筆一揮，毫不遲疑地寫下：斬首，夷三族！

呂后見此，忙道：「皇上向來仁慈，所以謀反之人不絕。像彭越這樣的反王，應該將他的屍體烹成肉醬，分賜諸侯大臣，讓他們知道厲害。」

劉邦准奏，下令將彭越斬首，首級懸掛示眾，屍體烹成肉醬。並在首級旁懸一告示：有收屍者，輒捕之。

彭越的大夫欒布剛從齊國出使回來，聽說主子已被斬首，懸頭示眾，急忙準備祭品，前去祭祀。守衛士卒立即逮捕，送交劉邦處理。

劉邦大怒，破口大罵，下令烹殺。

如狼似虎的武士一齊將欒布舉起，準備投進滾燙的湯鑊之中。這時，欒布回過頭來說：「我希望死前能說一句話！」

劉邦道：「你還有什麼好說？」

欒布說：「當年皇上困於彭城，兵敗滎陽，受傷成皋，項王之所以不能繼續前進，就是因為彭越在後方攻擊楚國城池，牽制了力量。那個時候，彭越附楚則漢破，附漢則

楚破。垓下之戰，如果沒有彭越，項羽也不會失敗。如今皇上一次徵調，彭王生病不能出征，就懷疑他要反，甚至因此誅殺他，我害怕天下人臣人人自危。好了！彭王已死，我生不如死，請烹了我吧！」

劉邦本來心中有鬼，聽了欒布所言，覺得此人實在忠肝義膽，正好樹立一個忠臣像，下令赦罪，拜為都尉。

欒布請求收葬彭越之屍，劉邦順水推舟，彭越的頭才被埋進土裡。

司馬遷《史記》曾說：「欒布哭彭越，趣湯如歸者，彼誠知所處，不自重其死。雖往古烈士，何以加哉！」

彭越被誅，實屬冤案。劉邦要掃平異姓諸侯王，他才不管你冤不冤！

劉邦剷滅異姓王，誅殺功臣，口碑不佳，但是對於漢朝統一，有益無害。不過，在消滅異姓王的同時，也用分封同姓王的辦法來維持統一，事實證明，有大害無大利。漢代文、景、武三帝一直為同姓王所困擾，就是他留下的遺患。

劉邦分封同姓王，有兩個主要原因：一是不封王，難以平衡一家人的心理：二是秦亡教訓。秦國的滅亡，漢初人認為是由於不分封諸侯所致，這種說法可能經不起分析，但是當時人大都懷有這種共識，我們也不能超越歷史去要求他。

第 **33** 章

猜忌

食客說：「相國最好侵民自汙，壓價多購強購百姓土地，故意失去民心，皇上才會感到後方安穩，消去疑心。」蕭何越想越怕，萬不得已，依計而行。

也許是無心，也許是有意，劉邦對蕭何也留了一手。

他派人慰問蕭何，名爲慰問，卻顯得關心太過：增加五百人作爲相國衛隊，雖有保護之意，卻有監督之嫌。械繫蕭何，還差點殺了蕭何，只是因爲天下輿論，最後不得不放了他。

劉邦曾經說過，自己管理國家不如蕭何，出謀劃策不如張良，行軍打仗不如韓信。但是這樣一個劉邦，卻常常令他的部下膽顫心驚，自顧無暇。難怪他常說：「我不是人才，卻是管理人才的人才」。就連蕭何這等的能謀善斷之士，都不得不常常提防他，以求自保。

蕭何是劉邦的重要謀臣，名垂青史的漢初三傑之一。司馬遷在《史記》中專門爲他寫下《蕭相國世家》。

蕭何，沛豐人，與劉邦是老鄉。一直在沛縣裡做文字工作，主管人事，相當於人事組織部長。劉邦還是一個楞頭百姓的時候，蕭何便經常幫助他，使他免去不少官司。劉邦當上了亭長之後，更是經常與蕭何來往，關係很好。劉邦要到咸陽服徭役，一般人都只送三吊錢，唯獨蕭何送五吊。

劉邦起義當沛公之後，蕭何爲丞督事，協助進入關中。一幫泥腿子推翻了大秦王朝，諸將眾兵都紛紛搶拿秦府庫中的金銀財寶，蕭何卻帶人搬走秦國的各種檔案資料，

劉邦因此知道天下的地理形勢、戶口出產，為奪取江山提供了莫大便利。

進入漢中之後，蕭何竭盡全力向劉邦舉薦韓信，立下第一大功勳。

蕭何雖然立了不少汗馬功勞，但也免不了被猜疑。

為了獲得劉邦的信任，蕭何該怎麼做？

第一件事情：把全家的身家性命，都繫在為劉邦爭天下的事業中。

劉邦跟著韓信東定三秦，蕭何留守漢中，負責安定後方，供應軍糧，為韓信平定三秦大地做出巨大貢獻。

漢二年（公元前二○五年），劉邦帶領諸侯之兵出關中擊楚，蕭何鎮守關中，輔佐太子，治理櫟陽，制定法律，建立宗廟社稷，並設置郡縣官吏。劉邦經常打敗仗，賴蕭何及時補充兵力，轉運糧草，因而能夠常敗常戰。

漢三年（公元前二○四年），劉邦與項羽在滎陽、成皋對峙，戰事十分緊急，卻經常派使者慰問蕭何，說他勞苦異常。

這一舉動，蕭何沒有覺得什麼，倒是他的手下人看出了其中的微妙。

有一個叫鮑生的人對他說：「漢王餐風宿露，披荊斬棘，日夜拚殺，但卻屢次派人來慰問您。丞相雖然辛苦，哪裡能夠跟戰場上相提並論？這一定是漢王對您生了疑心，名義上是慰問，實際上是監視。我替丞相反覆計議，最好把能夠從軍的親屬子女全部送

到戰場上，漢王一定會更加信任您，消除疑慮。」

蕭何認為鮑生言之有理，依言去辦。劉邦果然「大悅」。

劉邦是不是真有此心，只有他知道，但他此舉，似乎有關心過度之嫌，的確讓人不得不產生疑心。

蕭何送親屬子女上戰場的舉動，後來得到大大的回報。

劉邦消滅項羽，平定天下，論功行賞。群臣爭功，歲餘不決。他認為蕭何功勞最大，封侯賜邑，獨居功臣之首。一些曾經血戰沙場，衝鋒陷陣的大將議論紛紛，都說：

「我們這些人披堅執銳，為大王攻城掠地，大小不等。蕭何未曾參加戰鬥，沒有汗馬功勞，只做了一點文字工作，幹些動動嘴巴的事情，怎麼還能居頭功？」

劉邦一笑，道：「各位知不知道打獵？」

眾人忙說：「知道！」

劉邦說：「知道打獵的獵狗嗎？」

「知道！」

劉邦正色說：「打獵時，追逐獵物的是獵狗，但等發現野獸蹤跡，指揮獵狗的卻是人。各位衝鋒陷陣，攻城掠地，好比獵狗，是有功之狗；至於丞相蕭何，則是發號施令，制定大政方針的人。況且，各位獨自跟著我，加上親戚最多也不過幾個人，蕭何卻將家族子弟全部都送到戰場上，功勞還小嗎？」

如果講打鬥，劉邦自然不是眾將對手，但是要打嘴巴仗，這些人自然不是劉邦對手，何況他已經位居皇帝，所以「群臣皆莫敢言」。

封賞結束，劉邦還要各位推選出十八位功臣，排出名次。

群臣上奏說：「平陽侯曹參受傷七十餘處，攻城掠地最多，功勞最大，應該排名第一。」

關內侯鄂千秋道：「各位所說都不合情理。曹參雖然有攻城掠地的野戰之功，但不過是一時的功勞。皇上與楚王相持五年，經常敗軍亡卒，隻身逃亡無數次，幸好蕭何時常從關中補充糧草和兵員，不用皇上下一道詔令，數萬之眾立至，解了燃眉之急。皇上與項羽在滎陽對峙數載，軍中乏糧，蕭何從關中轉漕運糧，使得供給不乏。雖然丟失山東數次，但因為蕭何保全關中，這些都是萬世之功。即使沒有曹參這些人，皇上也能取得天下，怎麼能夠憑一日之功，而看不見萬世之勳呢？應當以蕭何第一，曹參第二。」

鄂千秋，何許人也？

鄂千秋是一位謀士，位居關內侯關內侯者，只有侯位，而無封地，居住在京城，是個很會見風使舵的人，他的話，只是劉邦前一次話的翻版。史書記載，此公位居第十九位，大概就是因著這一記馬屁，得到了青睞。

劉邦聽了鄂千秋之言，忙稱善，詔令蕭何為功臣之首，可以帶劍上殿，入朝不趨。

「帶劍上殿，入朝不趨」是一種特權。漢承秦法，規定群臣上殿不得帶兵器，所以荊軻刺秦王之時，秦王一時拔不出劍，群臣又無劍可拔，只好徒手相搏。

至於「趨」，就是碎步小跑前進。按照自古以來的朝禮規定，臣下進殿上朝，要「趨」步而進。

劉邦賜給蕭何這一特權之後，還發表了簡短的重要談話：「我聽說薦賢應受上賞，蕭何的功勞雖然最高，卻是因為鄂君，才使我更加明白。」

他不止口頭表揚，還改封鄂千秋為安平侯。一句話的功勞，讓沒有食邑的侯變成了有食邑的侯。

當天，劉邦加封蕭何家人，「父子兄弟十餘人，皆有食邑」。後來想到當年他去咸陽服苦役，蕭何曾經多送給他二吊錢，又加封二千戶。他的確很會籠絡人心，所以「賞一人而天下皆敬」。

第二件事情：拿出家產做軍費，消除劉邦疑心，支持滅楚大業。

蕭何安安心心地當他的大漢丞相，時間眨眼到了漢十一年（公元前一九六年）。那一年，劉邦原來的心腹陳豨起兵造反，劉邦御駕親征。戰事正在緊張進行之際，淮陰侯韓信又在關中謀反，呂后採用蕭何之計，誅殺韓信。劉邦聽說韓信被誅，立即派使者拜蕭何為相國，加封五千戶，下令增加五百人作為相國衛隊，並令一個都尉率領。

朝中文武皆來祝賀，慶祝高升。只有一個食客召平看出了劉邦的用心所在，忙去給蕭何出主意。

這位召平，是原秦國的東陵侯。秦國滅亡之後，淪落為貧民百姓，生活無著，只得在長安城東種瓜為生。由於很會種瓜，人們把他種的瓜譽之為「東陵瓜」。蕭何聽說他有賢才，授以掾屬之職，大概也是一位幕僚。

一片讚聲中，召平私見蕭何。

蕭何問：「你有什麼事嗎？」

召平說：「丞相可知，大禍將要臨頭？」

「怎麼突然說起此事？」

「丞相怎麼不細細思量一下，皇上御駕親征，頂風雨，冒嚴寒，時刻都有生命之虞，而丞相鎮守關中，可以說是過清閒日子，無刀箭之險，無嚴寒之苦。皇上還加封您為相國，增加您的衛隊，加封您的食邑，這是為什麼呢？」

「為什麼？」蕭何不解。

召平說：「淮陰侯韓信最近在都中謀反，皇上因此對您也產生了疑心。皇上賞賜衛隊，名義上是對您的寵愛，而實際上是為了防範您。希望丞相推辭不受，趕快拿出自己的家產去充軍費，或許可以轉禍為福，取悅皇上。」

蕭何覺得召平的話很有道理，急忙上表辭封，拿出家產充當軍費。劉邦又大喜。

第三件事情：蕭何求保自汗，劉邦拍手稱快。

漢十二年（公元前一九五年）秋，英布被逼反。劉邦不得不帶病親征，期間數次派使詢問蕭何，鎮守關中準備做些什麼？蕭何上表回奏，聲稱就像劉邦平定陳豨時一樣，安撫百姓，穩定關中，搞好後勤供給。

劉邦此次出征，心中十分恐慌。

韓信、彭越、英布，號稱漢初三大將，驍勇善戰，劉邦最怕他們造反。韓信和彭越兩人都是束手就擒，所以毫不費力就將兩人扳倒。然而英布是擁兵造反，怎麼可能不憂心忡忡？

史書明文記載：當時，連生病在家的張良也親自趕到灞上送行，並且告誡劉邦千萬小心。

劉邦緊握張良的手，懇請他為太子少傅，協助叔孫通輔佐太子。之後，又採納張良的建議，給太子劉盈配備了一支強大的衛隊，真有點像荊軻易水送別，只差沒唱「風蕭蕭兮易水寒」了。

劉邦的這些舉動，又被蕭何手下食客看出了其中奧妙。

食客說：「相國知道嗎？您已經離滅族不遠了。」

蕭何忙問：「這又是為什麼呢？」

食客說：「您身為相國，名列功臣首位，皇上還能夠加封您嗎？」

「不可能了，我已經貴極人臣了！」

「相國自從入關後，十幾年來深得民心。這種情況隨著皇上殺大功臣，屢次征伐而有增無減。關中之民盡皆歸附相國。皇上這次帶病親征，對手是英布這樣的勁敵，連留侯張良這樣的人物，都感到形勢十分嚴峻，帶病出來輔佐太子。皇上屢次派使詢問相國，就是怕您深得民心，功高震主，一旦有什麼異舉，關中必然傾動。臣下為相國計議良久，最好侵民自汙，壓價多購強購百姓土地，故意失去民心，皇上才會感到後方安穩，消去疑心。」

蕭何越想越怕，萬不得已，依計而行。

劉邦平定英布之後，回到豐沛故里，上演了一幕「高祖還鄉」的喜劇，才悠然自得地返駕長安。一路上，關中百姓攔道告御狀，紛紛控訴蕭何強行壓價和強佔他們的土地。劉邦樂滋滋地回到宮中，蕭何去拜謁。

劉邦喜上眉梢，說：「如今相國是這樣替我鎮撫關中百姓？」說著，把百姓的狀紙遞出，「你自己去向百姓交代吧！」

蕭何叩頭請罪，回到相府，立即召來百姓，願賣的就補足餘錢，不願賣的，如數退還土地。關中百姓高呼萬歲，盛讚皇帝英明。劉邦聽說此事，欣喜欲狂。

蕭何本來不願意如此行事，但是為了消除劉邦的疑心，不得不自斟自飲喝杯苦酒，

毀壞自己的名聲。

劉邦是不是真的懷疑蕭何有反心，這是分析出來的，可能懷疑，也可能沒有。但是從緊接著發生的一件事可以看出，他確實嫉恨蕭何籠絡民心。

天下平定之後，蕭何看到皇家獵場中有許多空地，爲了安撫百姓，保證國家安寧，給劉邦上了一道表章說：「長安地區人多地少，林苑中有許多空地，實在可惜。叩請皇上開恩，准許百姓入苑耕種，一可多收糧食，養活百姓，二可收穫禾稈，供作軍隊馬匹的草料。」

劉邦看完，勃然大怒，「相國受人收買，要來耕種我的獵苑，罪不可赦！」隨即「下相國廷尉，械繫之」。用今天的話說，就是下令將蕭何依法逮捕，送交法庭審判。

蕭何被捕，關在牢中尙且「械繫」，朝野震動，喊冤之聲不絕。

一個姓王的衛尉，趁在劉邦身邊值勤的時候，大著膽子問道：「相國到底犯了什麼大罪？如此年老之人關在獄中，還枷鎖不離身？」

劉邦說：「我聽說李斯爲秦始皇丞相，有善事歸於皇上，有錯處歸在自己頭上。如今蕭何身爲相國，私受百姓賄賂，上書要耕種我的獵苑，企圖因此取媚我的百姓，所以我依法將他治罪。」

王衛尉說：「相國爲民請命，請求開放獵苑，讓百姓耕種，這正是丞相分內之事。

皇上怎麼懷疑相國受人賄賂呢？皇上與項羽苦戰多年，近年征討陳豨、英布，相國長期鎮守關中，只要他一動手腳，關中之地就不是皇上的了。相國不貪圖天下，擁有四海，登位稱王，還貪圖百姓的針尖餘鐵，天下怎麼會有這樣的事？秦始皇帝文過飾非，因此很快亡國，這難道不是李斯的過錯？有什麼值得效法？皇上怎麼可以這樣小看丞相？丞相忠心，天下盡知！」

劉邦聽了，自覺有愧，便下詔將蕭何從獄中放出來。

蕭何年老，又被械繫多日，身心備受傷害，但是身為臣下，既然開解出來，少不得要入朝謝恩。

劉邦見到他，快快地說：「相國去休息吧！相國為民請求耕種獵苑，我不答應，我不過是桀、紂那樣的暴君，而相國你才是賢相。我之所以械繫相國，就是想讓天下百姓知道我的過錯。」

明明赦免了人家，還要挖苦人一頓，讓對方膽顫心驚，劉邦真是油滑到了極點，這也是帝王術！

明代崇禎皇帝也算一個有能有為的皇帝，但因懷疑袁崇煥而中清軍反間計，將袁崇煥下獄。後來明明知道自己錯了，可為了維護自己的權威，不願屈一臣而利天下，自毀長城，最後的結局是「自掛東南枝」。

和崇禎皇帝比起來，劉邦的確精明很多，至少他能善納諫言，不會明知道自己錯了，還把功臣殺掉。且時時都有浪漫之舉，曾經「乃出黃金四萬斤與陳平」，「不問出入」，可算得上是用人無疑。可得天下後，他終是不免患得患失，疑神疑鬼了。

不過，作為狡狐，這正是狐性多疑的正常表現。

第 34 章

立儲的那些事兒

劉邦不斷地加封劉如意為代王、趙王，戚姬受寵日甚一日。

可是，她始終有一塊心病，就是太子的大位和呂后的兇殘。

為了兒子和自己，勢必要謀取太子之位。

誰說皇上就能為所欲為？天命不可違，國家安危不可違。劉邦再怎麼狡猾，最後仍有一件做不到的事。

這件事，與立儲有關。

劉邦名正言順娶進門的妻子是呂雉，當時他已經快三十歲，可以稱得上晚婚了。他當然不可能熬到如此年齡還是處男。史書記載，與呂雉結婚以前，他曾與一位姓曹的女人同居，生下一子，就是劉肥，後來被封為齊王。

劉邦的另一位妻子薄姬，生子劉恒。

韓王信死後，劉邦認為把代地和趙地強合一起封給劉如意，不便管理，又把代地分為一國，詔令下臣推薦人選。燕王盧綰和相國蕭何等三十三人上書推薦劉恒賢智溫良。劉邦因此封他為代王，當時他只有八歲。

薄姬，是其父與原魏王宗室的女人魏媼私通而生的私生女。魏王豹為魏王，魏媼將薄姬獻上。魏豹被韓信消滅之後，劉邦見薄姬楚楚動人，收入後宮，發往「織室」，不久納入後宮。但是劉邦妻妾成群，美女如雲，應接不暇，很快便把薄姬給忘了，就這樣過了一年多。

一天，他見姬妾管夫人與趙子兒相視而笑，默默不語，感到奇怪，便問發生什麼事。兩人稟告說，她們與薄姬相好，曾經對天發誓，「苟富貴，無相忘」。劉邦這才想起這個不幸的女人，立即召見，再三撫慰。

薄姬告訴他：「昨晚我做了一個夢，夢見有條龍盤在我的胸上，今日竟喜得大王召見。」

劉邦大喜說：「這是顯貴之兆！」

薄姬因此得與劉邦一夜纏綿，生下劉恒。

薄姬與劉邦基本上只是一夜夫妻，後來跟著八歲的兒子去了代國。劉恒日後成為皇帝，號漢孝文皇帝，即人們習慣上稱的漢文帝。

劉邦的另一位妻子趙姬，生子劉長。平定英布之後，封其為淮南王。

趙姬，是劉邦妻妾之中最為不幸的。

漢八年，劉邦率師平定韓王信殘部，路過趙都邯鄲，趙王張敖獻趙姬侍寢。趙姬因此懷孕，張敖不敢納入趙宮，專門給她造一棟別宮，讓她住進去。

貫高等人刺殺劉邦之事暴露，趙姬也一起被捕。她向獄吏哭訴，說身上有劉邦骨肉。獄吏稟告，劉邦正在氣頭上，未予理會。趙姬之弟又打通辟陽侯審食其的關節，報告了呂后。然呂后天生善妒，也不肯報告劉邦。

趙姬在獄中產下一子，氣憤不過，自殺而死。獄吏抱著孩子去見劉邦，劉邦頓生悔意，令呂后撫養，取名劉長。

劉邦的妻妾很多，但是有名有姓、史書詳加記載的，只有呂雉一人，其餘只知其姓或名的，有曹氏、戚姬、薄姬、趙姬、管夫人、趙子兒等七人。

他共有八個皇子：

長子劉肥，曹氏所生，封齊王，即齊悼惠王，為同姓王中分得土地最廣、人口最多之人。

太子劉盈，呂雉所生，為漢高祖劉邦的繼承人，號漢惠帝。

寵子劉如意，戚姬所生，九歲立為代王，十歲立為趙王，後與其母戚姬一起被呂后虐殺。

劉長，其母趙姬，被封為淮南王。

劉恒，薄姬所生，被封為代王。

劉友，不知其母，被劉邦封為淮陽王。

劉恢，不知其母，被劉邦封為梁王。

劉建，不知其母，被劉邦封為燕王。

劉邦去世後，劉如意、劉友、劉恢相繼被呂后弄死。劉建病死，他的獨生子則被呂后殺害。

劉邦所有子嗣中，能夠與太子劉盈爭奪帝位之人，是寵子劉如意。劉如意的母親戚姬，是劉邦最為寵幸之人。他娶戚姬的過程，具有傳奇色彩。

漢二年（公元前二〇五年）四月，劉邦兵潰彭城，幸得一陣神風，才得逃脫。整整

逃了一天一夜，來到一個村莊，已是夜深人靜。人困馬乏，又饑又渴，實在難以忍耐，敲開了一戶人家的門，詢問村中有無兵馬。

應門的老翁見劉邦身披金甲，舉止不凡，連忙答道：「村中沒有人馬，不知您是何處貴人？」

劉邦也不隱瞞，將自己的處境說了一番，請求借宿一夜，乞食一餐。

老翁急忙請進，說道：「老夫不知是漢王大駕光臨，有失迎接！」

劉邦跟著老翁進到屋裡，老翁忙送水沏茶，令人升火煮飯。不多時，酒足飯飽，精神大振，便詢問村中情況。

老翁說：「此村名叫戚家村，數百人家都姓戚，兵荒馬亂，實在難以度日。」

劉邦問：「老丈可有兒子？」想封老漢的兒子一官半職。

老漢說：「老漢只有一個女兒，年方二九，雖是荒村民女，但是知書識禮。前些日子，有一相士說小女天生貴相，日後定配王侯之人。漢王如果不棄，老漢願叫小女侍奉大王。」

劉邦推辭說：「多謝老丈招待，只怕我這粗人配不上令嬡。」

老漢喚出女兒，只見此女體態輕盈，容貌豔麗，楚楚動人，天生尤物。屈膝下拜間，劉邦忙攙扶，兩手相接，如有一股電流，直透進心裡。

他於是改口說道：「承蒙老丈不棄，劉邦領情。」說完，便掏出金銀遞給老翁，作

為定親之禮。

當天晚上，劉邦就跟戚姬同床共枕，一夜恩愛歡悅。

次日，劉邦直到日上三竿才起床，他要去找他的部下，不得不與戚姬依依惜別。

漢五年（公元前二○二年）四月，劉邦稱帝，雖然妻妾成群，但始終難忘戚姬切膚之情，忙差人將戚姬父母接入櫟陽。

戚姬這次前來，還帶著一個孩子，取名劉如意，雖然只有幾歲，但相當聰明伶俐，很得劉邦喜愛。戚姬年輕美貌，能歌善舞，能說會道，知書識禮，一下子改變了劉邦的口味，走到哪裡就帶到哪裡，真是形影不離。只要四下無人，劉邦必會把她擁在懷裡，親近疼寵無比。

《史記》曾有這樣的記載：周昌在一次宴會時入宮奏事，看見劉邦正擁著戚姬調笑，立即繞道想躲避。不想劉邦從後面追趕上來，騎到他的肩上，問道：「我是什麼樣的皇帝？」

周昌仰面說：「皇上是夏桀、商紂一樣的皇帝！」

劉邦大笑，周昌內心卻十分害怕。

將戚姬母子接進宮後，劉邦不斷地加封劉如意為代王、趙王，戚姬受寵日甚一日。

可是，她始終有一塊心病，就是太子的大位和呂后的兇殘。

想要讓自己的兒子當太子、當皇帝，大概是每一個妃子的心願，也只有這樣，才能

保住自己的榮華，保住自己的生命。戚姬得到劉邦的寵幸，為了兒子和自己，勢必要謀取太子之位。

呂后自知憑女人的優勢，哪一點都不是戚姬的對手，只能憑藉她的皇后地位、她的陰謀陽謀，拚死保住太子的大位。她此時選擇的策略，是以退為進，忍氣吞聲。

劉邦欲立劉如意為太子，除了寵幸戚姬之外，更重要是為了漢家天下著想。他常說：「太子個性仁弱，不太像我，如意比較像我。」

他是有眼力的，歷史證明，漢惠帝的確軟弱無能，即位不久，大權便旁落呂后手中，在位七年，毫無建樹，最終鬱悶而死。

劉邦要廢長立幼，關鍵就在這裡。

劉如意被封為趙王後，戚姬有些等不及了，旁敲側擊，試圖影響劉邦。劉邦也覺得此事宜早不宜遲，於是把事情由後宮推到了朝廷之上。

司馬光的《通治通鑑》記載：

上欲廢太子而立趙王！大臣爭之，皆莫能得。御使大夫周昌廷爭之強，上問其說。昌為人吃（口吃），又盛怒，曰：「臣口不能言，然臣期期如其不可！陛下欲廢太子，臣期期不奉旨！」

上欣然而笑。呂后側耳東廂聽，即罷，見昌，為跪謝，曰：「微（無）君，太子幾（幾乎）廢。」

後世之人常言周昌忠直，其實他是一個比較缺乏政治眼光的人，只有廢掉劉盈，才對漢家天下有利。偏偏正因為周昌的這一直諫，這一場笑話，攪黃了劉邦的第一次廢太子的大事。

當時，劉如意年僅十歲。劉邦害怕自己死後，劉如意難逃呂后之手，心中時常不悅。符璽御史趙堯知道這個情況，建議劉邦給趙王配置一個強相，這個人必須是呂后、太子和群臣都敬畏的人。

劉邦忙問：「誰可擔此重任？」

趙堯向劉邦推薦周昌，劉邦遂拜周昌為趙相，提拔趙堯為御史大夫。

劉邦廢除太子之事，雖因周昌力勸而免，但是呂后害怕劉邦再廢太子，終日惶惶不安。下人向她建議，說留侯張良足智多謀，深得信任，應該向他求計。

呂后忙忙派呂釋之去求。

張良知道呂釋之的來意，本想拒而不見，又恐得罪呂后，只得叫請進。

呂釋之仗著呂后的威風，說：「你是皇帝重臣，深受皇帝信任，如今皇上要廢太子，怎能袖手旁觀，不出一計？」

張良說：「皇上在危急之中，會用我的計策。如今天下已定，皇上因為愛心和天下之事，要廢太子，這是他自己的事，就是有我這樣的百餘人相勸，也於事無補。」

呂釋之說：「我受呂后重託來求，先生怎麼能置之不理呢？」

張良為了免禍，說道：「這種事情不是靠言辭就能夠解決的。要想勸阻皇上廢長立幼，天下只有四人。這四個人是東園公、綺里季、夏黃公、角里先生，世稱『商山四皓』。四皓年歲已高，因皇上失禮，逃到商山，發誓不為漢臣。皇上很敬重這四人，很希望讓他們出來當官。你去轉告皇后，讓太子修書，帶上重禮，派能言善辯之人，前去相聘，他們定會前來相助。得到這四人後，太子必須事之以師禮，經常帶在身邊。皇上知道，就不會再說廢立之事。」

呂釋之雖然不明張良此計的妙處，但既然有了計策，就忙去報告呂后。呂后依計行事，果然請來「四皓」。

漢十一年（公元前一九六年）七月，淮南王英布謀反，劉邦正在生病，想出妙計：令太子劉盈親征，勝了可以讓他得到磨練，敗了便趁機廢掉。

「四皓」探得這消息，急忙進行緊急磋商，說：「我們來這裡，就是為了保護太子，皇上要叫太子帶兵，太子恐怕會遭遇危險！」

一箭雙鵰，他想得美滋滋的，口水直在嘴裡打旋。

四人忙去對呂釋之說：「太子率兵，建功不能加封，無功則要受禍。夫人戚姬日夜侍御，趙王劉如意也很得皇上的寵愛，常說『終不使不肖子居愛子之上』。這充分表明，皇上要讓如意當太子。你快去跟皇后說，囑她哭訴：『英布是天下猛將，極善用兵；朝中眾將全是皇上舊臣，怎麼會聽太子調度？太子出師，必敗無疑，一仗之敗，將

會牽動全局。皇上雖然病體初癒，也只能御駕親征，這樣眾將才肯用力，英布也不難平定。」如此才可能保住太子，否則情況實在不妙。」

呂釋之連忙告知呂后。

呂后纏住劉邦，哭哭啼啼，說來說去。劉邦聽得心煩，但也覺得有理，說：「我知道這不肖子幹不了大事，我親自領兵還不行嗎？」

啟程之日，全體大臣都去送行，張良平時深居簡出，也感到形勢嚴峻，一起前去送行，並囑咐劉邦，楚人凶悍，不要與他們硬打硬拚，一定要小心謹慎。

劉邦說：「先生安心養病，我定會記住你的話。」

張良又請張良為太子少傅，將上郡、北地、隴西車騎、巴蜀步卒、中尉兵三萬人，全部劃歸太子總領，然後才與他告別而去。

張良此舉助了呂后一臂之力，當然，對於劉邦安心征討英布，也有重要作用。

西元前一九五年，劉邦平定了英布的叛亂回師，途經故鄉沛縣，邀請父老鄉親宴飲。酒過三巡，自作歌詞，後人稱為《大風歌》，歌詞曰：

大風起兮雲飛揚，

威加海內兮歸故鄉，

安得猛士兮守四方。

席間，並賜武老婦、王老婦黃金千兩，也就是讓劉邦當年白吃的兩個婦人，同時免去沛地、豐地賦役。沛中父老念感劉邦的恩典，便在他的行宮前修建一座高台，名叫風歌台。

清代袁子才曾作詩：

高台擊築記英雄，馬上歸來句亦工。一代君民酣飲後，千年魂魄故鄉中。青天弓劍無留影，落日河山有大風。百二十人飄散盡，滿村收留是歌童。

這是劉邦當皇帝後第一次還鄉，也是最後一次，可算衣錦還鄉，風光一回。

劉邦從故鄉回來，已是漢十二年（公元前一九五年）十一月，由於征途勞累，箭傷復發，急回長安，住進長樂宮，每日都是戚姬陪伴。

劉邦深感戚姬一片衷情，想到自己一旦死去，定難保證母子性命，暗下決心，來日定要廢長立幼。

次日，他召集重臣進宮，再次提出廢黜太子之事。

張良現為太子少傅，不好坐視不管，只得進諫，說了許多大道理、小道理。劉邦微閉雙目，似睡非睡，全不理睬。張良自知無可奈何，並且也認為此舉其實對漢朝有利，託病率先退去。

眾人見張良尚且無法進言，都閉上嘴，免遭無趣。劉邦看見眾人沉默不語，心中暗

自歡喜，說：「既然大家沒有意見，就這樣定了吧！」

這時，太子太傅叔孫通跳了出來，發表了一番宏論。《史記·叔孫通傳》載：

叔孫通諫上曰：「昔者晉獻公以驪姬之故廢太子，立奚齊，晉國亂者數十年，為天下笑。秦以不早定扶蘇，令趙高得以詐立胡亥，自使滅祀，此陛下所親見。今太子仁孝，天下皆聞之；呂后與陛下攻苦食啖，其（豈）可背哉？陛下必欲廢適（嫡）而立少，臣願先伏誅，以頸血污地。」

高帝曰：「公罷矣，吾直（只）戲耳。」

叔孫通曰：「太子天下本，本一搖，天下振動，奈何以天下為戲？」

高帝曰：「吾聽公言。」

這一場勸諫，比周昌那一場更是不同。叔孫通想來一定拔劍在手，準備自刎，所以劉邦不得不說「公罷矣，吾直戲耳」。當然，劉邦不是怕叔孫通自殺，而是怕強行廢長立幼，引起大臣不滿，天下再度陷入混亂。當皇帝，並不是百分之百的隨心所欲。

第三次廢太子之舉，就這樣化為泡影。可欲廢太子之心並未死去，正如《史記》所言：「上佯許之，猶欲易之。」

過了幾天，劉邦箭傷漸好，置酒宮中，命太子劉盈侍宴，慶祝平定英布。

劉盈帶四皓出席。

《史記·留侯世家》載：

四人從太子，年皆八十有餘，鬚眉皓白，衣冠甚偉。

上怪之，問曰：「彼何為者?」

四人前對，各言名姓，曰東園公，角里先生，綺里季，夏黃公。

上乃大驚，曰：「吾求公數歲，公辟（避）逃我，今公何自從吾兒游乎?」

四人皆曰：「陛下輕士善罵，臣等義不受辱，故恐而亡匿。竊聞太子仁孝，恭敬愛士，天下莫不延頸欲為太子死者，故臣等來耳。」

上曰：「煩公幸卒調護太子。」

四人為壽已畢，趨去。

上目送之，召戚夫人指示四人曰：「我欲易之，彼四人輔之，羽翼已成，難動矣。

呂后真而（妳）主矣。」

戚夫人泣。

上曰：「為我楚舞，吾為若（妳）楚歌。」

歌曰：「鴻鵠高飛，一舉千里。羽翮已就，橫絕四海。橫絕四海，當可奈何……」

歌數闋，戚夫人噓唏流涕，上起去，罷酒。

竟不易太子者，留侯本招此四人之力也。

戚姬本欲借助劉邦的寵幸，取太子之位，保自己的命，可惜轉瞬之間，全成泡影，如何不傷心流涕?她已經成了一隻孤雁，只等著劉邦死後任人宰割了。

第 **35** 章

狡狐的最後歲月

劉邦靠詭計迭出和擅用人才兩手奪取天下，建立漢朝，可即便是一國之君，為了顧全大局，也不得不在臨死之前吞下一杯苦酒，眼看寵姬、愛子成為俎上肉、口中餅。

漢十二年春天，劉邦征討英布時所受的箭傷快要好了，心情也比較高興，和戚姬過著清閒的日子。誰知突然有人傳報燕王盧綰私通匈奴，準備謀反，他一口氣上來，箭瘡迸裂，大痛難忍。

雖然病重，仍要處理國事。他與盧綰關係很深，所以立即派人前去查實。

劉邦的病一日比一日沉重，滿朝大臣憂心忡忡，呂后更是如此。她以爲劉邦之所以久病不癒，就是日日寵幸戚姬，消去了神魂，一心想叫他回到自己宮裡，可是又怕因此引起他的懷疑和不滿，一時拿不定主意。

寵臣審食其見此，給她出了一個主意，叫太子帶著文武百官去請劉邦回宮，劉邦定難推辭。

呂后依計而行。

劉邦正在戚姬宮中與戚姬調情，忽報太子率文武百官朝見。劉邦已知其中之意，叫進來面見。

戚姬問：「太子此來何意？」

劉邦說：「必是呂后的主意，要接我回到正宮去。」

聞言，戚姬心中無限淒涼，說：「陛下此去，恐怕賤妾再難見面了！」話未說完，泣涕並下。

劉邦說：「妳且退下，我自有留下的道理。」

戚姬退下，太子及群臣拜見，上言請皇上回到正宮養病，才是正理。

劉邦說：「你們來見我，是想我早日康復，還是加重我的病情？」

眾臣全部異口同聲，希望皇上早日康復。

劉邦說：「既然如此，還不退下讓我靜靜休息，留在這裡幹什麼？」

審食其說：「皇上回到正宮，同樣可以靜養，何必一定要留在這裡？」

劉邦忸悅地說：「你們把我弄來弄去，我受得了這等折騰嗎？這哪裡是愛我，是想把我折騰死！」

群臣無人敢再說什麼，只得依舊跪著不起。

正巧這時，樊噲聽說太子率群臣去請皇上回正宮，也趕來勸諫。看見群臣跪在地上，劉邦不願離開戚姬，忙上前去，重來一場鴻門宴上的表演。

樊噲說：「皇上有病，文武百官，群臣百姓，無不焦急萬分。陛下長期居住偏宮，有失天下之秩，有背上天之理。皇后一直跟著陛下，到了此時卻一個人獨守深宮，有違人倫之理。太子率百官叩請陛下返回正宮，為天下孝子表率，正是安天下之舉。皇上不可違背秩序、天理、人情，獨居偏宮！天下是皇上的天下，一世英雄，怎可在這時做出如此之事？」

沉默一陣，劉邦嘶聲道：「先退下去做準備，我回正宮總可以了吧？」

群臣自去準備，劉邦叫出戚姬，把經過說了一遍。其實戚姬也在裡屋聽得明明白白，知道劉邦已經盡力，淚流滿面。

劉邦言不由衷地說：「我一定會好好安排，保證妳和趙王平安無事！」

事已至此，戚姬也只得含淚點頭拜謝。

就這樣，劉邦離開了戚姬，回到了正宮。

呂后雖然痛恨劉邦一而再再而三地要廢棄太子，但他畢竟是自己的丈夫，這江山是他打下來的，少不得精心料理，可是劉邦根本不買帳。

正當心情不愉快之時，去調查盧綰謀反之人回來報告，盧綰確實謀反，望出兵征討。他便下詔令樊噲帶兵前去。

樊噲走後，劉邦的病情日重一日，呂后也很焦急，忙帶著太子去問候。

劉邦見是呂后，開口罵道：「我到如此地步，全是妳母子所為。我本有病，叫太子率兵征英布，妳卻死活不肯，以致我中箭受傷。明明盼我早死，還來問疾，給我滾出去，我討厭見到你們！」

太子劉盈叩頭流淚而出，呂后怏怏而還。

這一幕正好被一侍臣看到，聯想到呂后的驕橫、樊噲的兇狠，將來皇上一死，這幫人必然製造禍端，忙趨步來到劉邦的床前，聲言有要事上奏。

劉邦說：「待我傷好了再說。」

侍臣說：「此事關係趙王生死之事，情況緊急，皇上雖有病，下臣不敢不奏。」

趙王是劉邦的一塊心頭肉，聞言忙道：「你說吧！」

侍臣奏道：「樊噲與呂后已經結黨營私，四處都在傳說，呂后與他合謀，等到皇上千秋萬代之後，就要領兵進入長安，殺盡戚夫人、趙王等人。不可不提高警覺。」

劉邦此刻最擔心的就是戚姬和趙王劉如意的命運，聽到侍臣之言，心中大為震動，但他不想在下臣面前表現出異樣來，揮手命其退下，下詔令陳平議事。

陳平獻計說：「請皇上立即撤去樊噲兵權，可保無事。不過，樊噲手握重兵，只恐聽到皇上病重，不肯從命。」

聽到樊噲可能擁兵自重，劉邦更加憤怒，再度問計。

陳平說：「可叫周勃跟我一起去傳將令，周勃德高望重，取代樊噲沒有問題。」

劉邦越想越怕，覺得不除樊噲，日後必是呂后的得力幫兇，下詔令周勃晉見。

他當面頒下密令：「陳平為使，解除樊噲的軍職，就地斬首回報。周勃協助陳平將樊噲斬首之後，立即掌握軍隊。二人即刻啟程，不得有誤，這關係到國家大計。」

陳平、周勃領命，趕往燕地。

呂后看到劉邦病重，急忙四處尋醫。可劉邦諱疾忌醫，病情日重一日。

劉邦本是豁達大度之人，自知時日不多，令詔蕭何、張良、叔孫通、張蒼等人進宮，安排後事。

他說：「我病已深沉，恐很難好。眾卿隨我百戰沙場，才有今日江山，大家定要竭力輔助太子，不要叫劉氏江山落入他人之手。」

眾人見他形容枯槁，面如死灰，不覺傷情，齊聲應諾：「定當竭力輔佐太子，安定劉氏天下！」

他又說：「從今以後，非劉不王，非功不侯。違者，天下共誅討之！」

眾臣退去後，劉邦再下令：「陳平完成使命後，不必覆命，速往滎陽協助灌嬰扼守關中要塞。」

接著，又下詔叫太子進宮，當面囑咐說：「我已經老了，大漢江山早晚歸你。你仁義厚道，一定可以安定天下。趙王母子的性命，我就託付給你了。父親所愛之人，兒子應該敬重，這樣才是孝順，切切牢記！」

劉盈叩頭道：「君父天恩，兄弟手足，兒臣絕對不背叛。父皇善保龍體，不用掛念他事。」

劉邦自覺對自己打下的江山和愛姬、寵子有所交代，病勢更甚。

呂后見狀，淚流滿面，來到他身旁，俯首問計：「皇上百歲之後，蕭相國若死，要叫誰代替他？」

劉邦說：「曹參可以。」

呂后說：「曹參之後呢？」

「王陵可以。王陵爲人憨直，可以找陳平當他的助手。只是陳平智慧有餘，膽識不足，不能單獨擔此重任。周勃厚重，文才不足，不過，最終安定劉氏天下的，必是此人，可任爲太尉。」

呂后還要問下去。劉邦說：「別再問了，讓我好好死行不行啊？此後的事，不是妳能知道的了！」

公元前一九五年夏初，陰曆四月甲辰（二十五日），一代開國君王劉邦與世長辭。

劉邦出身平民，靠詭計迭出和擅用人才兩手奪取天下，建立漢朝，可即便是一國之君，爲了顧全大局，也不得不在臨死之前吞下一杯苦酒，眼看寵姬、愛子成爲俎上肉、口中餅。

他，作爲一個南征北討的開國皇帝，不是不能做到他想做的事，但他追求的是國家的安寧，政權的穩定。如果說劉邦爲達目的，採用了各種非常手段，那麼最終不易太子，正是非常手段的一種突出表現。

可惜，狡狐劉邦一生謀人，成就大事，仍不可能盡善盡美。是人，就會有失誤，他自不例外。不易太子，最終造成了呂氏專擅之禍。

《厚黑之王司馬懿》全新修訂 典藏版

天才權謀家司馬懿的人生大謀略！

司馬懿

The Great
Chinese
Strategist

吃三國

卷八

精采完結

皇圖霸業

三國名人無數，諸葛亮號稱智謀界第一把交椅，
運籌帷幄、戲人玩人樣樣都行，但司馬懿就是讓他搞不定：
曹操挾天子以令諸侯、行事狠辣多疑，是臉厚心黑的代表人物，
但他卻屢次被司馬懿要得團團轉。
司馬懿有不下於諸葛亮的智商謀劃，有不弱於曹操的厚黑雄心，
撅會裝病裝窩囊，又會裝弱裝傻，暗中默默開拓司馬家勢力，
最後篡奪三國成果！

且看新銳作家李浩白如何以全新角度出發，
深刻敘述厚黑之王司馬懿的人生大謀略！

李浩白 著

普 天 之 下 • 盡 是 好 書

普天 出版家族 Popular Press Family
http://www.popu.com.tw/

一個混亂失序的時代，
一群令人目瞪口呆的怪咖！

史記

裡的那些怪咖

風雲戰國篇

趙家三郎 著

齊
楚
趙
燕
韓
魏
秦

亂世中，才世平凡的能人、怪人、奇人裡出渾身解數，欲人的，狂叫的，動輒的，撮陰謀的……

戰國七雄忙著打打殺殺，彼此殺紅了眼，出殺出（國語）名人傳奇

春秋戰國際期，掛道崩禮壞，春秋五霸。

紛紛冒出頭，試圖以獨特的方式在亂世中闖出一片天。

這些亂世高手想盡（切辦法犧牲別人成就自己，種種天人神鬼的怪行徑。

普 天 之 下 · 盡 是 好 書

普天 出版家族
Popular Press Family
http://www.popu.com.tw/

最詼諧、最麻辣、最雷人的
大清朝另類歷史！

清朝
可以很爆笑

HISTORY OF
THE QING DYNASTY

鏖行天下・盛清烽火

卷參
精采完結

霧滿攔江 ——— 著

《別笑，這是大清正史》
全新精修合訂版

普 天 之 下 ・ 盡 是 好 書

普天 出版家族
Popular Press Family
http://www.popu.com.tw/

三國大爆笑

全集

三國

七月來雪 著

無厘頭三國演義，
三國歷史另類爆笑解讀

三國，中國歷史上最傳奇、最精采的時代。三名各領風騷的英雄霸主，從瘋那是一個英雄輩出的時代，同時也是一個活寶遍地的時代！自大的曹操、賣力合演了一幕幕妙趣橫生、精采迭出、笑死人不償命的無厘頭喜劇！看著他們搏命搞笑，你會驚喜地發現，原來三國也可以這麼爆笑。

狂的時代浪潮中脫穎而出，上演著談談打打、爾虞我詐的脫線的孫權、神經質的劉備率領各自的粉絲團，

普 天 之 下 • 盡 是 好 書

普天 出版家族
Popular Press Family

http://www.popu.com.tw/

最麻辣、最暢銷的唐朝歷史！

唐朝實在很邪門

Tang
Dynasty
So Strange

全集

盛唐天下·帝國終局

霧滿攔江 精采力作

《唐朝絕對很邪乎》
全新修訂版

普 天 之 下 · 盡 是 好 書

普天 出版家族
Popular Press Family
http://www.popu.com.tw/

神秘妖豔的
泰國獵奇之旅

暢銷驚悚冒險作家 **羊行中** 精采力作

暢銷作家 **天下霸唱 / 蜘蛛** 連袂推薦！

泰國
異聞錄

人皮風箏、養屍之河、雙頭蛇神、鬼妻娜娜、古曼鬼嬰、紅瞳狼人、
巫蠱邪術、詭聞怪談……
正在泰國發生的驚悚故事，
即將震撼你的視聽！

異密

神秘妖艷的
日本獵奇之旅

日本

異聞錄
之1

THAILAND
IBUNROKU

人頭燈籠

羊行中—著

每個歷史悠久的國度，都流傳著神秘詭異的奇聞異事，正在日本發生的靈異故事，即將震撼你的視聽！

從泰國歷劫歸來，南瓜和月餅的驚魂之旅並沒有結束，前往日本的旅途中，他們遭遇了更加離奇詭異的事件。

豪華遊輪上停放的黑色空棺，午夜徘徊於十字路口的燈籠小僧，深山老林中吞人性命的煙鬼婆婆，富士山下神出鬼沒的妖狐山姥，人形師、裂口女、白骨溫泉、妖貓、河童……諸多驚悚奇詭、淒美哀怨的故事，都在《日本異聞錄》。

像劉邦一樣活著

群星會

185

作　　者　海東青
社　　長　陳維都
美術總監　黃聖文
編輯總監　王　凌
出 版 者　普天出版家族有限公司
　　　　　新北市汐止區康寧街 169 巷 25 號 6 樓
　　　　　TEL／(02) 26921935 (代表號)
　　　　　FAX／(02) 26959332
　　　　　E-mail：popular.press@msa.hinet.net
　　　　　http://www.popu.com.tw/
　　　　　郵政劃撥 19091443 陳維都帳戶
總 經 銷　旭昇圖書有限公司
　　　　　新北市中和區中山路二段 352 號 2F
　　　　　TEL／(02) 22451480 (代表號)
　　　　　FAX／(02) 22451479
　　　　　E-mail：s1686688@ms31.hinet.net
法律顧問　西華律師事務所・黃憲男律師
電腦排版　巨新電腦排版有限公司
印製裝訂　久裕印刷事業有限公司
出 版 日　2019 (民 108) 年 6 月 第 1 版
ISBN◉978-986-389-630-2　　條碼 97898638-6302
Copyright◎2019
Printed in Taiwan, 2019 All Rights Reserved

國家圖書館出版品預行編目資料

像劉邦一樣活著

海東青著. —第 1 版. — ：新北市, 普天出版

108.06 面；公分. - (群星會；185)

ISBN◉978-986-389-630-2 (平裝)

普天 出版家族
Popular Press Family

凌雲 文創
A-Plus
Creative Company